Alter schützt vor Morden nicht

Alter schützt vor Morden nicht

21 Krimis mit 150 Rätseln

Herausgegeben von Anke Cibach
Illustriert von Rotraut Susanne Berner

Gerstenberg Verlag

Wer anderen eine Grube gräbt

Rache währt am längsten

Da hilft nur Mord

Gummibäume küsst man nicht

Anke Cibach

Edmund legte die Ouvertüre zur *Zauberflöte* auf, lehnte sich entspannt im Fernsehsessel zurück und öffnete mit der linken Hand seinen Hosenschlitz. In der rechten hielt er ein Glas Portwein, um sich die Wartezeit zu vertreiben. Wo blieb denn nur Ernestine? Es war Sonntagmittag und Zeit für jenes Ritual, das gewisse körperliche Bedürfnisse eines Mannes ohne großen Aufwand befriedigen konnte.

Mit seinen achtzig Jahren schätzte es Edmund nicht mehr, auf erotischem Gebiet aktiv zu werden oder gar selbst Hand an sich zu legen. Ernestine wusste nach fünfzig Jahren Eheleben genau, was zu tun war, während er mit geschlossenen Augen der Musik lauschte, die Hände fest in die Sessellehnen gepresst; aber bis auf ein heftiges Ausatmen – in jenem Moment, den er als Erlösung bezeichnete – gab er seine gewohnte Beherrschung dabei niemals auf.

»Emu, mein Emu«, flüsterte sie ihm manchmal während des Rituals zu, »lass dich einfach mal gehen. Du bist doch immerhin noch ein Mensch aus Fleisch und Blut, denk doch mal an früher!«

Gewiss, es war eine Tatsache, dass er seine Frau in jungen Jahren gern neckisch um den Esstisch gejagt hatte, während sie – auf seinen ausdrücklichen Wunsch hin – dabei nichts als eine weiße Rüschenschürze trug. Noch heute konnte er sich das Rascheln jener gestärkten Schürzenbänder ins Gedächtnis zurückrufen, wenn er seine Ernie im Triumph ins Schlafzimmer getragen hatte. Dort streifte sie dann mit einem glücklichen Leuchten in den Augen die Schürze ab und stand unbekümmert und splitterfasernackt vor ihm. »Lass die Schürze bitte an«, hatte er sie oft aufgefordert, wenn sie sich beim *Internationalen Frühschoppen* auf seinen Schoß setzte, während ihm der Duft des Sonntagsbratens aus der Küche in die Nase stieg, versehen mit einem Hauch von Ernies *Mille Fleurs*.

Ja, damals! Heute war Edmund stolz auf seine Selbstkontrolle, die er im Laufe der Jahrzehnte über Körper und Geist errungen hatte. »Pokergesicht« oder »Eisenhans« nannten ihn Freunde und ehemalige Geschäftspartner; »Disziplin« lautete sein Motto, und genau dieser Lebensführung war es zu verdanken, dass er und seine Frau ihren Lebensabend in dieser luxuriösen Seniorenresidenz verbringen konnten. Im dritten Stock, mit Fahrstuhl und Dachgarten, sodass Ernestine auch weiterhin ihr geliebtes Grünzeug hochpäppeln durfte.

Die meisten Bewohner der Residenz kamen aus ähnlichen wirtschaftlichen Verhältnissen und verfügten außer über Geld auch noch über das entsprechende Niveau, um die hauseigenen Kammerkonzerte oder Vorträge würdigen zu können. Aber seit so viele Männer seines Jahrgangs verstorben waren, hatte das Angebot stark nachgelassen. Statt des »Börsianer-Clubs« oder »Ressourcen der Weltwirtschaft« gab es jetzt »Singvögel in unserer Heimat« oder, schlimmer noch, »Fit durch Gehirn-Jogging«.

Ernestine besuchte letzteren Kurs schon zum zweiten Mal und quälte ihn im Anschluss daran häufig mit lächerlichen gereimten Rätseln über König Drosselbart oder Meister Mozart aus Wien. Überhaupt, diese beiden in einem Atemzug zu nennen – hirnrissig sagte man wohl heute dazu! Und nachts lag *er* dann wach und bekam vor Ärger Schlafstörungen, wenn er diese albernen Rätsel nicht lösen konnte. Natürlich würde er das nie zugeben, denn eine Frau musste immer zu ihrem

Mann aufschauen können. Er hätte wirklich große Lust, Ernestine das Gehirn-Joggen zu verbieten, andererseits wurde sie mit ihren siebzig Jahren sonst vielleicht noch schusseliger. Musste sie nicht erst letzte Woche wieder mal eine ganze Stunde lang nach der Lesebrille suchen, die er verlegt hatte?

Bis vor einem halben Jahr gab es für Edmund keinen Grund, sich über seine Frau zu beklagen. Ernie war so fügsam und ausgeglichen, wie es sich für ein weibliches Wesen gehörte. Aber dann hatte dieser Herr von Puttkammer die Nachbarwohnung bezogen, die an ihren gemeinsamen Dachgarten grenzte. Kein geeigneter Umgang, wie Edmund gleich nach der ersten Begegnung feststellte. Der Mann war eindeutig ein Prolet, und außerdem fing er sofort an, um alle Damen herumzuscharwenzeln. Es gab ja weiß Gott genügend Witwen hier im Haus, aber der Filou machte selbst vor Ehegattinnen keinen Halt! Seine Ernie hatte er mit Gesprächen über Topfpflanzen bezirzt. »Die Aura Ihres Usambaraveilchens ist heute so bekümmert«, rief er ihr wichtigtuerisch zu und steckte seinen Kopf mit dem verrutschten Toupet durch die Efeupflanzen an der Terrassengrenze. Ginge es nach Edmund, müsste Herr von Puttkammer nicht nur den Friseur, sondern auch den Zahnarzt wechseln. Ob schlecht sitzendes Gebiss oder ausgebeulte Hosen, ob Krawatten mit Konfettipünktchen oder Gesundheitslatschen aus Plastik ... Dieser Mann beleidigte sein ästhetisches Empfinden einfach in jeder Beziehung. Ernie schien das überhaupt nicht zu stören. Sie brachte dem neuen Nachbarn Topfkuchen und bewunderte dessen mit Hingabe gepflegten Gummibaum.

»Er ist so lieb zu ihm«, teilte sie Edmund schwärmerisch mit. »Jeden Tag wischt er die Blätter mit einer Bierlösung ab.«

Na also, der Mann war vermutlich auch noch dem Suff ergeben.

»Hubertus spricht zu seinen Pflanzen«, meinte sie einmal verträumt nach dem Sonntagsritual. Hubertus? Der Kerl musste ihr nun auch noch das Du aufgedrängt haben.

»Mir ist es lieber, wenn du mit mir sprichst«, tadelte er sie milde.
»Aber Eddi, das versuche ich doch die ganze Zeit, du bist es, der inzwischen kaum noch mit mir redet.«

Sie irrte sich natürlich. Frauen plapperten eben gerne, während Männer mit Denkprozessen beschäftigt waren.

»Und zum Gehirn-Joggen willst du auch nicht mitgehen.« Das hatte Ernestine, während sie beim Staubwischen war, der Mahagonikommode erzählt. Aha, ein deutlicher Vorwurf! Hinter seiner Zeitung hatte sich Edmund überlegen und sicher gefühlt. »Dann frag doch deinen Spezi Hubertus, ob er mit dir zum Rätselstündchen geht.«

Und genau das hatte sie getan und ging seitdem zweimal pro Woche mit diesem Menschen alleine in die Cafeteria. Edmunds Stolz siegte über das leise Gefühl der Betroffenheit, das Ernies Eigenleben in ihm auslöste. Aber leider war das erst der Anfang.

»Hubertus meint, meine Augen sähen immer noch wie blaue Vergissmeinnicht aus«, kam als nächstes. Ha, der Schwerenöter! Dem musste man auf die Finger schauen. Wenn der sich unbeobachtet glaubte, kniff er sogar der drallen, rothaarigen Fußpflegerin ins Hinterteil. Wie stillos, wenn man seine Triebe nicht im Griff hatte. In seinen Augen benahm sich dieser Mann wie ein brünstiger Eber.

Dann hatte Ernie eines Abends damit begonnen, den Topfpflanzen zur Schlafenszeit kleine, schmatzende Gute-Nacht-Küsse zu geben. Da sie *ihn* erst später, und nur recht flüchtig, küsste, fühlte sich Edmund nun völlig vernachlässigt. Der Zeitpunkt für ein energisches Machtwort schien gekommen. So hatte er sie gestern in sachlichem Tonfall gefragt: »Ernie, würdest du mir bitte mal erklären, was du da da mit dem Grünzeug machst?«

»Hubertus meint, wenn man mit den Lippen zart die Blätter anhaucht und dabei gute Gedanken hat, regt das die Säfte und den Blattwuchs an.«

Edmund verschlug es fast die Sprache. Wessen Säfte da wohl gemeint waren? Er räusperte sich umständlich, bevor er zum Sprechen ansetzte. »Ernestine, ich fürchte, dieser Mann hat einen schlechten Einfluss auf dich. Gummibäume küsst man nicht. Ich bin strikt dagegen!«

Aber Ernie behielt trotzig das letzte Wort. »Das verstehst du nicht, du bist eben nicht mehr aus Fleisch und Blut.«

Seitdem hatten sie ein gespanntes Verhältnis, und Edmund fürchtete um das heutige Sonntagsritual. Es roch nicht nach Braten, und Ernie war schon vor einer Stunde über die Terrasse zum Nachbarn gegangen. »Huberts Gummibaum lässt die Blätter hängen. Wir wollen es mit Akupunktur versuchen, und ich werde ihm assistieren.«

Das war wirklich der Gipfel! In der Rangfolge kamen also vor ihm erst Hubertus und dann noch der Gummibaum. Und was wurde aus ihm und dem Sonntagsritual? »Ernestine, du kommst sofort zurück«, hatte er gekreischt und war über seine eigene Stimme tief erschrocken. Nein, er würde die Beherrschung nicht noch einmal verlieren. Mozart und das Glas Portwein hatten ihm gut getan, es war an der Zeit, einen kleinen Nachbarschaftsbesuch zu machen und seine Frau abzuholen. Entschlossen zog Edmund den Reißverschluss seiner Hose wieder hoch. Aufgehoben war nur aufgeschoben. Er würde Ernie seine Toleranz beweisen und zu gegebener Zeit ihre Entschuldigung akzeptieren.

Die Terrassentür des Nachbarn war nur angelehnt. Edmund zögerte einen Moment und versuchte, sich zu konzentrieren. Unter welchem Vorwand sollte er das Gespräch eröffnen? »Tut mir leid, Herr von Puttkammer, aber meine Frau wird zu Hause gebraucht ...« Das war ausreichend höflich und hoffentlich deutlich genug. Für alle Fälle hob er noch die Gartenschere auf, die vergessen neben einem Blumenkübel lag. So hätte er gleich noch einen Vorwand für seinen Besuch. »Sicher haben Sie diese Schere schon vermisst.« Auch nicht schlecht, aber der erste Satz gefiel ihm eigentlich besser. Nur, wie war dieser Satz gleich noch gewesen? Edmund verwünschte flüchtig seine bisherige Einstellung zum Gehirn-Joggen, jetzt blieb aber keine Zeit mehr für überflüssige Gedanken, denn schon stand er vor dem fremden Wohnzimmer und konnte von drinnen Stimmen hören.

»Es handelt sich ganz eindeutig um einen gestörten elektromagnetischen Pulsverlauf.« Prahlerisch wie immer, der Herr Nachbar, der gerade an einem gelblichen Blatt des zimmerhohen Gummibaums zupfte.

»Oh ja, Hubsi, das glaube ich auch.« Perlendes Lachen – war das seine Ernestine, die Hubertus »Hubsi« nannte? Und ihn hatte sie seit Wochen nicht mehr »Emu, mein Emu« genannt, nur noch »Edmund« oder simpel und kühl »Eddi«!

Das war zu viel! Auch einem Eisenhans waren emotionale Grenzen gesetzt. Bevor es ihm schwarz vor Augen werden konnte, sah Edmund rot und stürmte durch die angelehnte Wohnzimmertür.

»Jetzt sind Sie dran, Puttkammer!«, rief er mit Stentorstimme und stürzte mit erhobener Gartenschere auf den Feind zu. Schon nach zwei Stichen spürte er, wie die Waffe nach anfänglichem Widerstand tiefer eindrang, sich durch die nachgebende Materie fraß, während eine klebrige Flüssigkeit auf sein Hemd tropfte. Nannte man das einen Blutrausch? »Das ist für dich, Hubsi, wie gefällt dir das?« Außer Kontrolle zerrte er sein Opfer zu Boden und versetzte ihm heftige Fußtritte. Ein nie gekanntes Lustgefühl ergriff von ihm Besitz. »So, Hubsipupsi, das gefällt mir immer besser. Jaa, das tut gut!« Keine Gegenwehr. Verächtlich spuckte er aus und versuchte, den schon besiegten Feind noch einmal vom Boden hochzuziehen. In einem letzten Triumph schüttelte er den schlaffen, leblosen Körper, bevor er ihn wie eine Puppe fallenließ. Es war vollbracht.

Edmund trat zurück und lockerte schwer atmend seine Krawatte. Hier gab es nichts mehr für ihn zu tun, er würde jetzt einfach gehen.

»Aber Edmund«, hörte er Ernies entsetzte Stimme wie durch einen Nebel. »Was hast du mit Huberts Gummibaum gemacht? Du wirst ihn ersetzen müssen.«

»Ich stehe zu Ihrer Verfügung!« Er verbeugte sich knapp vor Herrn von Puttkammer, der mit blassem Gesicht sprachlos auf seine niedergemetzelte Pflanze schaute.

Wieder in seiner Wohnung, goss Edmund sich ein weiteres Glas Portwein ein und wechselte die Platte. Mozart hatte erst einmal ausgedient, er würde Wagner auflegen und warten, bis Ernie nach Hause kam. Sie würde doch kommen?

Im Laufe der nächsten Stunden malte er sich aus, wie sein Leben aussähe, wenn Ernie ihn verlassen würde, um mit diesem Gecken zusammenzuleben. Er gab es nur ungern zu, aber sie fehlte ihm jetzt schon. Als die Dämmerung hereinbrach, machte er sich lustlos ein Butterbrot und ging erschöpft zu Bett. Die ungewohnten körperlichen Anstrengungen des Tages und das Gefühl eines unermesslichen Verlusts ließen ihn sein Alter deutlich spüren. Kurz vor dem Einschlafen hörte er die

Tür ins Schloss fallen. War Ernestine zurückgekommen und wollte ihre Sachen packen? Oder vielleicht das Usambaraveilchen vor ihm retten? Eine Zeit lang gab es ein geschäftiges Hin und Her, bis die Schlafzimmertür vorsichtig geöffnet wurde. Edmund stellte sich schlafend. Er würde das Urteil stumm annehmen. Wenn er schon seine Beherrschung verloren hatte, konnte er wenigstens noch einmal ein guter Verlierer sein.

Doch was war das? Spielten ihm seine überreizten Sinne einen bösen Streich? Deutlich nahm er das Rascheln von gestärkten Schürzenbändern wahr, dazu den Duft von *Mille Fleurs*.

»Emu, mein Emu«, flüsterte eine sanfte Stimme. »Es wird alles wieder gut, du bist also doch noch ein Mensch aus Fleisch und Blut.«

Vorsichtig tastete er zur anderen Betthälfte hinüber. Es war wirklich die Rüschenschürze mit den gestärkten Schürzenbändern, und darunter gab es kein Hauskleid und auch kein Nachthemd. Nur seine Ernie ...

Edmund beschloss, sich diese Nacht gleich noch einmal gehen zu lassen.

Gehirn-Jogging für Edmund

Wäre Edmund gleich mit Ernestine zum
»Gehirn-Joggen« gegangen, hätte er vielleicht weniger
Probleme gehabt …

I.
Wer das Erste will erleben,
muss sich ins Märchenland begeben!
Das Zweite ist aus Holz oder Bein,
führt uns ins Reich der Töne ein.
Auch das Ganze ist voller Melodien,
ersonnen von Meister Mozart aus Wien!

II.
Das Erste ist rund,
das Zweite noch mehr,
drum kommt es verdrießlich und träge daher.
Das Ganze ein säuerlicher Fisch,
kommt gern zu Pellkartoffeln
auf den Tisch.

III.

Die Ersten tanzen den nächtlichen Reigen.
Vom Zweiten hat jeder Mensch zweie zu eigen.
Das Ganze hat im fernen Land
in seinem Maul der Elefant.

IV.

Das Erste erzählt Romane und Geschichten,
und was sonst die Poeten noch so erdichten.
Maschinen zum Ernten braucht der Bauersmann,
was finge er ohne Zwei wohl an?
Das Ganze ist ein Handwerksmann,
der hilft, dass Eins entstehen kann.

Tödliches Netz

MARTINA BICK

»Was kochst du bloß schon wieder?«, fragte Kurt, und seine Stimme knarrte wie die alte Hoftür, wenn sie lange nicht geölt worden war.

Meta rührte noch einmal in dem großen schwarzen Topf, dann zog sie den Kochlöffel aus der heißen, Blasen werfenden Masse, die in wenigen Sekunden gut sein würde.

»Johannisbeergelee«, sagte sie und hielt mutig eine Hand unter den Löffel, damit auch nichts auf das alte Linoleum tropfte, das Kurt einmal in der Woche auf Hochglanz polierte.

»Wenn du nur kochen kannst«, knarrte Kurt, drehte sich um und verließ die Küche mit seinem schlurfenden, etwas ruckenden Gang, so als ob seine Füße immer ein wenig am Boden festkleben würden.

»Wann willst du denn zu Abend essen?«, rief Meta ihm nach.

Als würden sie nicht jeden Abend um halb sieben Uhr Abendbrot essen. Jeder eineinhalb Scheiben Grahambrot, mit feiner Landleberwurst und dünn geschnittenem holländischen Käse belegt, den Kurt höchstpersönlich jeden Dienstag vom Markt holte. Sieben große Scheiben Käse, für jeden Tag eine.

»Wie immer«, murmelte Kurt vor sich hin, ehe er wieder im Wohnzimmer verschwand, die Tür hinter sich zu zog und sich an seinen Computer setzte.

Meta kannte alle ihre Pappenheimer. Seit einundzwanzig Jahren wohnte sie mit Kurt in diesem Haus, immer in derselben Wohnung, erster Stock rechts, drei Zimmer, Küche, Bad, Südbalkon. Ein Stockwerk über ihnen wohnte ein Bademeister. Schon immer wohnten dort Bademeister, die Wohnung wurde an Kollegen weitervermittelt. Vorgestellt hatten sie sich nie, auch der jetzige nicht. Im dritten Stock wohnte Sofia, eine Jugoslawin, die schon viele Jahre in Deutschland lebte. Sie arbeitete im Schichtdienst in einem Altenheim und sprach immer viel zu laut. Meta wusste meistens, wann Sofia Dienst hatte und wann sie nach Hause kam, und sie hielt immer einen kleinen Imbiss für die Nachbarin bereit, wenn die sich müde von der Arbeit die Treppen hochschleppte. Meta erkannte sie schon am Schritt und an der Art, wie sie die Haustür ins Schloss fallen ließ. Sie zog dann leise die Wohnzimmertür hinter Kurt zu und lehnte die Wohnungstür an, damit Sofia ohne zu klingeln hereinschlüpfen konnte.

»Hast du die Neue unten links schon gesehen?«, fragte Sofia heute und lobte das Johannisbeergelee, das Meta ihr dick auf ein frisches Brötchen gestrichen hatte. Dazu dampfte eine Tasse Kaffee auf dem Küchentisch. Sofia hatte Nachtschicht gehabt.

»Nein«, antwortete Meta. »Aber Lore aus dem Dachgeschoss hat gesehen, wie sie einen großen Computerkarton in die Wohnung getragen hat.«

»Ach«, sagte Sofia ungewöhnlich leise, denn sie sprach mit vollem Mund, »so etwas hat doch jeder heutzutage.«

Ein paar Wochen später hing ein weißer Zettel an den Briefkästen im Hausflur. Kurt riss ihn ab und brachte ihn mit nach oben, als er von seiner wöchentlichen Einkaufstour auf dem Markt zurückkam.

»Dass diese jungen Leute nie Ordnung halten können«, meinte er und legte den Zettel zum Altpapier, das sich hinter der Küchentür stapelte.

»Samstag Einladung zur Einweihungsfete – bitte etwas zu essen mitbringen, für Getränke wird gesorgt«, las Meta halblaut vor, nachdem Kurt wieder hinter seinem Computer verschwunden war.

Als sie am Nachmittag den Müll hinunterbrachte, nahm sie den Zettel mit und klebte ihn wieder an die Briefkästen. Kurt ging nur am Markttag aus dem Haus, vor Samstag würde er hier also nicht wieder vorbeikommen.

Am Samstagabend klopfte Sofia leise an die Wohnungstür, um Meta abzuholen. Meta schloss sacht die Wohnzimmertür. Kurt saß wie immer vor dem Bildschirm seines Computers, über den rätselhafte Zeichen flimmerten, begleitet von seinen unverständlichen Kommentaren und kopfschüttelndem Fluchen. Seitdem er den Computer hatte, sprach er fast gar keine ganzen Sätze mehr, jedenfalls nicht mit Meta. Aber eigentlich hatte er früher, als er noch zur Arbeit ging, auch nicht viel mehr mit ihr gesprochen. Vielleicht gab es ganz einfach nichts zwischen ihnen zu sagen. Morgens, mittags und abends kam Kurt zum Essen an den Küchentisch, schlang achtlos die Speisen hinunter, die Meta in stundenlanger Arbeit zubereitete, und murmelte ein paar Halbsätze. Dann verschwand er wieder in seine Computerwelt, zu der Meta absolut keinen Zutritt hatte.

»Kommst du?«, flüsterte Sofia so laut, dass Meta den Finger auf die Lippen legte.

Sofia kicherte und stieg vor Meta die Treppe ins Erdgeschoss hinab. Aus der Wohnung der neuen Mieterin hörte man schon leise Musik. Sofia fuhr sich prüfend über das kurzgeschnittene, noch immer rabenschwarze Haar, nahm Meta die schwere Schüssel mit dem selbstgemachten Heringssalat ab und klingelte. Ein junger Mann mit polierter Glatze bat die Gäste in die enge Wohnung.

»Geht ruhig bis hinten durch, in der Küche gibt es vielleicht noch ein paar Plätze. Kati? Hier ist noch mal Besuch aus der Nachbarschaft!«

Meta und Sofia händigten ihre Mitbringsel aus und mischten sich unter die jungen Leute, die sie so freundlich in ihrer Mitte aufnahmen, dass sie bis ganz zum Schluss der Feier blieben. Plötzlich saßen sie allein mit Kati und ihrem Freund, dem Glatzkopf, in der engen Küche, gaben einundzwanzig Jahre Hausgeschichte zum Besten und tranken die letzten Flaschen leer.

»Und dein Mann?«, fragte Kati schließlich. »Warum hast du den nicht mitgebracht, Meta?«

»Kurt sitzt immer nur vor seinem Computer«, sagte Meta. »Er ging nie gern zu einer Feier, nicht mal, wenn er dort viele junge Mädchen antreffen konnte. Aber seitdem er den Computer hat, geht er gar nicht mehr aus dem Haus. Nur dienstags zum Markt. Wenn ich nur wüsste, was er immer zu tun hat vor diesem komischen Kasten.«

»Ich kann mir seinen Computer ja mal ansehen«, sagte Kati. »Nächsten Dienstag, abgemacht?«

Gleich nachdem Kurt das Haus verlassen hatte, kam Kati aus dem ersten Stock herauf und schaltete den Computer an. Meta stand hinter ihr und knetete vor Angst und Aufregung die Hände.

»Dass er nur nichts bemerkt«, wiederholte sie ein ums andere Mal. »Er bringt mich um, wenn er etwas merkt.«

Kati ließ sich nicht aus der Ruhe bringen. Sie war Software-Ingenieurin, hatte sie Meta erklärt. Darauf spezialisiert, Viren zu finden und verlorene Verschlüsselungen zu knacken. Meta hatte sich darunter nicht viel vorstellen können. Erst als Kati sagte, dass sie manchmal für die Polizei arbeitete, hatte Meta verständnisvoll mit dem Kopf genickt.

»Wann ist dein Geburtstag?«, fragte Kati nach einer Weile. Der Bildschirm war nun nicht mehr schwarz und voller weißer Zahlen und Buchstaben, sondern schlicht himmelblau. In der Mitte stand ein Schildchen: *Bitte geben Sie Ihr Kennwort ein.*

»16. 12. 1921«, sagte Meta leise. »Warum musst du das wissen?«

Kati tippte die Zahlen ein, und das Schildchen verschwand. Auf dem Bildschirm trudelten plötzlich bunte Dreiecke, dazu gab es eine hübsche Tonfolge aus den Lautsprecherboxen. Dann erschien wieder ein Schildchen auf dem Bildschirm: *Programmpasswort?*

»Hat Kurt einen Kosenamen für dich?«, fragte Kati.

»Früher«, sagte Meta und wurde ein bisschen rot. Aber das konnte Kati nicht sehen, weil sie vor Meta hockte und auf den Bildschirm starrte, genau wie Kurt. »Schnuck hat er früher immer gesagt. Aber das ist schon sehr lange her.«

»Umso besser«, murmelte Kati und tippte auf der Tastatur herum.

Der Computer fing wieder an zu knattern und zu rattern, dann ertönte eine kleine Melodie, und dann bauten sich in rascher Folge verschiedene Bilder auf.

»Aha«, sagte Kati zufrieden. »Dachte ich es mir doch. Dein Mann ist aktiv im Chat.«

»Im was?« fragte Meta.

»Er korrespondiert«, erklärte Kati. »Er hat wahrscheinlich jede Menge Brieffreundinnen. Hattest du auch einen Kosenamen für ihn, früher, meine ich?«

»Ich?«, stammelte Meta. Sie wurde tiefrot, und ihre Hände waren klitschnass. »Wölfchen habe ich zu ihm gesagt. Aber wirklich nur manchmal – und das ist sehr, sehr lange her.«

Kati schüttelte den Kopf und tippte den Namen auf der Tastatur. Sofort erschien ein Schriftzug.

»Hallo, Wölfchen, bist du schon vom Markt zurück«, las Kati laut vor.

Meta griff mit zitternden Händen nach ihrer Brille, um mitzulesen.

»Ja«, tippte Kati ein. »Ich hatte heute nicht viel einzukaufen. Für mich allein brauche ich ja nicht viel.«

»Armes Wölfchen«, lautete die Antwort. »aber denke dran, wie froh du warst, als deine Alte abgekratzt ist. Lieber allein und zufrieden als zu zweit und unglücklich.«

»Was meint er damit?«, rief Meta. »Welche Alte ist abgekratzt? Er meint doch nicht etwa mich damit?«

»Nicht er, sondern sie«, sagte Kati und tippte an ihrer Antwort.

»Sie«, rief Meta. »Was für eine Sie?«

»Ludmienchen ist ihr Chatname«, sagte Kati und gab eine honigsüße Antwort ein. Dann hängte sie einen unverbindlichen Abschiedsgruß an, verließ den Chatroom und ließ den Computer herunterfahren.

»Ludmienchen«, stammelte Meta. Sie hatte rote Flecken im Gesicht, und ihre Hände flogen. »Na, die soll mich kennen lernen! Zweiundfünfzig Jahre lang sind wir verheiratet, und niemals hat Kurt mich belogen. Und jetzt verleugnet er mich sogar und betrügt mich mit einem Computer ...«

»Nicht sie wird dich kennen lernen, sondern Kurt wird dich kennen lernen, meine Liebe«, sagte Kati und stand auf. »Beruhige dich und habe ein wenig Geduld. Du hörst von mir.«

Dann ging sie hinunter in ihre Wohnung, gerade rechtzeitig, bevor Kurt vom Markt zurückkam.

In den nächsten Tagen ging mit Kurt eine seltsame Verwandlung vor sich. Er wirkte irgendwie lockerer, gelöster. Am Dienstagmorgen pfiff er im Bad eine kleine Melodie. Meta hätte fast den Kaffeefilter fallen gelassen. Einen fröhlichen Kurt hatte sie seit mindestens dreißig Jahren nicht mehr erlebt. Ob die Altersdepression umschlug in totale Verrücktheit? Aber eigentlich wirkte er überhaupt nicht verrückt. Nur einfach gut gelaunt.

»Was guckst du so?«, fragte er plötzlich. »Was hat denn mein Schnuck?«

Der Kaffeefilter – ein echter Melitta-Filter aus Porzellan – krachte auf das polierte Linoleum. Meta fiel auf die Knie, um den Kaffeesatz aufzukehren. Vor allem aber, damit Kurt ihre entgleisten Züge nicht sehen konnte.

Unter einem Vorwand schloss sie sich im Schlafzimmer ein, bis Kurt sich endlich fröhlich pfeifend auf den Weg zum Markt machte.

Minuten später klingelte es Sturm.

Meta lief zur Wohnungstür. Das würde bestimmt der Notarzt sein oder die Feuerwehr. Sicher war Kurt etwas zugestoßen, er war überfahren worden, übermütig, wie er das Haus verlassen hatte.

Kati stand vor der Tür.

»Zieh dich an und sei um zwölf Uhr im Marktcafé. Punkt zwölf Uhr. Und diese Rose hältst du dabei in der Hand.«

Metas Herz schlug Kapriolen. Sie war zu aufgeregt, um zu fragen, was das alles zu bedeuten habe.

Kati legte ihr eine Hand auf den Arm. »Tu, was ich dir sage. Es wird sich alles aufklären. Es ist alles in Ordnung.«

Als Kati und Sofia um zehn nach zwölf Uhr vor dem Markcafé ankamen, fuhr der Leichenwagen gerade ab. Viele Leute standen vor der Tür.

»Er saß da, der alte Herr, an dem Tisch dahinten. Er hatte eine rote Rose in der Hand. Und dann ging die Tür auf, und die alte Dame kam herein. Sie ist jetzt noch beim Notarzt, aber es geht ihr schon besser. Sie hat sich natürlich erschrocken. Aber lange nicht so sehr wie der alte Herr, als er die Dame mit der Rose in der Hand hereinkommen sah. Dem ist vor Schreck regelrecht das Herz in die Hose gefallen. Und dann rutschte er einfach vom Stuhl, wie ein Bild von der Wand.«

»So etwas«, sagte Sofia, schüttelte den Kopf und knuffte Kati in die Seite. Kati knuffte zurück.

»Wahrscheinlich hatten die beiden ihr erstes Rendezvous«, sagte ein anderer Gast. »Wie tragisch. So etwas ist einfach zu aufregend für alte Leute.«

»Ach, ich glaube, die alte Dame hat das im Großen und Ganzen ziemlich gut überstanden«, sagte eine Frau schnippisch, und dann gingen alle Gäste wieder zurück zu ihren Tortenstücken, hochzufrieden über diesen anregenden Dienstagvormittag.

Rätsel im Internet

Nachdem alle sich von ihrem persönlichen Schreck erholt hatten, fing Kati an, Meta ins Chatten einzuführen. Das waren sie Kurt schuldig ... Meta war ganz begeistert vom Chatroom des Großen Fragezeichens. *Sie hatte Kurt verloren, dafür eine neue Freundin bekommen und eine alte Leidenschaft wiederentdeckt.*
Kein schlechter Tausch.
Aber wenn sie die neuen, ins Netz gestellten Rätsel jetzt nicht gleich lösen würde, dächten die anderen Fragezeichen vielleicht noch, sie könnten gewinnen ...

Beispiel: Kommt das Internat Salem ohne Zuschüsse aus?
Gesucht: Frauenname, Pflanze
Lösung: Erna, Mohn

I. Der Verstand entwickelt sich durch Erziehung und Erfahrung.
Gesucht: Gebirge, Körperteil

II. Das Mittel, das eine Bromverbindung enthielt, wirkte sofort.
Gesucht: Fluß, Stadt, Stadt

III. Der feine Zementstaub erfüllte die Luft und
ebnete alles bis zur Unkenntlichkeit ein.
Gesucht: Tier, Tier

IV. Weißt du, seit wann Irma in Zürich lebt?
Gesucht: Fluss

V. Waren beim Presseball in Zürich alle Zeitungen vertreten?
Gesucht: Stadt, Stadt

VI. Ob die Konzertagentur in Berlin noch Karten
an den Abendkassen haben wird?
Gesucht: Stadt, Fluss, Gebirge

VII. Mein Onkel behauptet, dass Carsten da lieber
nichts unternehmen wird.
Gesucht: Fluss, Stadt, Stadt

Es ist nie zu spät

Sabine Thomas

Als Theresa erneut wegen eines Schlaganfalls in die Klinik eingeliefert wurde, war ihr klar, dass sie von nun an in allergrößter Lebensgefahr schwebte. Nicht etwa wegen der Gesundheitsreform, sondern wegen der gierigen Erbengemeinschaft, die sich schon binnen kürzester Zeit nach ihrer Einlieferung in die Stroke-Unit mit sorgenvollen Gesichtern um ihr First-Class-Krankenbett scharte. Wie die Geier kreisten sie lauernd um Theresa herum und arrangierten die mitgebrachten Blumenbouquets wie in einer Aussegnungshalle. Theresa konnte förmlich die Gedanken ihres geizigen Sohnemannes lesen: Mit etwas Glück könnte man die Bouquets praktischerweise noch für die Beerdigung verwenden …

Die Angst, dass Theresa auch diesmal wieder mit einem blauen Auge davon kommen würde, nachdem sie in letzter Zeit schon zweimal dem Tod von der Schippe gesprungen war, stand ihnen ins Gesicht geschrieben. Womöglich würde Theresa nun in eine Reha-Klinik kommen und danach einen sündhaft teuren Platz in einem Luxus-Seniorenwohnheim für sich beanspruchen. Bei den horrenden Tagessätzen konnte man sich leicht ausrechnen, wie schnell das Vermögen der wohlhabenden Witwe aufgebraucht sein würde. Vielleicht würden dann sogar noch die Angehörigen kräftig zur Kasse gebeten, nicht auszudenken!

»Wenn du hier rauskommst, kannst du bei uns im Souterrain wohnen«, erklärte Schwiegertochter Katharina tapfer. Im Souterrain! Frechheit! Theresa verstand die Anspielung nur zu gut. Unter die Erde, so schnell wie möglich! Nun, Katharina war schon immer eine kühle Rechnerin gewesen. Als Buchhalterin würde sie es schon schaffen, nach und nach Theresas Konten leer zu räumen und so zu verbuchen, dass nicht einmal der gerissenste Testamentsvollstrecker noch einen Pfennig finden würde, den es unter den restlichen Blutsaugern aufzuteilen gab.

»Mutti ist ein zäher Brocken. Sie wird schon wieder gesund«, sagte Sohnemann Friedrich unfroh. Theresa lächelte. Ihr werdet es wohl noch erwarten können, dachte sie leicht gereizt.

Enkel Sebastian musterte auffallend interessiert den Infusomaten, den Katheter und die anderen technischen lebensrettenden Anschlüsse. Komisch, dachte Theresa, bislang hat er sich nie für irgendetwas sonderlich interessiert. Aus dem wird bestimmt nie was. Womöglich hatten ihm die Eltern jahrelang eingeschärft, dass er sowieso einmal ihr beträchtliches Erbe antreten wird. Wozu sollte er sich also anstrengen?

Theresa seufzte und schloss ermattet die hauchdünnen Augenlider.

»Sie ist tot!«, schrie Katharina aufgeregt. »Schnell, holt einen Arzt! – Oder nein! Wartet noch ein bisschen!«, korrigierte sie sich hastig und senkte die Stimme. »Womöglich gelingt es den Ärzten sonst, sie mit Elektroschocks wiederzubeleben. Vielleicht muss sie dann jahrelang an einer Herz-Lungen-Maschine dahinsiechen. Und wir wollen doch das Leiden der guten alten Theresa nicht unnötig verlängern. Oder?«

Niemand widersprach. Einer nach dem anderen verließ das Zimmer.

»Ciao, Oma«, murmelte Enkel Sebastian und tätschelte ihre schmale Hand, die auf dem weißen Laken ruhte, bevor er den anderen folgte. Seine Turnschuhe quietschten auf dem Linoleum. Die Tür klappte zu. Gedämpfte Stimmen drangen an Theresas gespitzte Ohren. Sie konnte nur einzelne Wortfetzen verstehen. Beileid, Erlösung, Städtisches Bestattungsinstitut, Testament. Dann quietschten wieder Turnschuhe auf dem Linoleum, jemand pfiff *Knockin' on Heaven's Door*, und es wurde still, totenstill.

Theresas Augenlider wurden schwer. Die plötzliche Stille begann sie einzulullen. Sie träumte von dem netten Arzt, der sich vorhin so dilettantisch abgemüht hatte, in ihren dünnen Ärmchen eine Vene für die Infusion zu finden. Ein fescher Kerl. Groß, schlank, blaue Augen, volles dunkles Haar, wie auf dem Titelbild eines dieser Arztromane, die sie mit Einsetzen der ersten Zipperlein abonniert hatte.

Theresa seufzte erneut. Wie er so dastand, mit seinem Stethoskop um den Hals, ganz in Weiß ... Wenn sie ein halbes Jahrhundert jünger wäre, ja dann ... dann würde sie den Herrn Doktor zur Visite bitten, aber auf Privatrezept!

Plötzlich störte ein unangenehmes Geräusch ihren herrlichen Tagtraum. Ein leises Summen, das immer lauter und aufdringlicher wurde. Eine Mücke! Theresas Augenlider flatterten. Wenn sie irgendetwas hasste, dann waren es Stechmücken. Blutsauger, so wie die ganze verdammte Brut, die wahrscheinlich jetzt schon auf dem Weg zu ihrer schönen Jugendstilvilla war, um schnell die wertvollsten Antiquitäten abzutransportieren und die Wände hektisch nach versteckten Tresoren abzuklopfen, bevor der Testamentsvollstrecker das Haus versiegelte. Ahnten sie, dass sie erst kürzlich ihr Testament zugunsten des Städtischen Tierheims geändert hatte, obwohl sie Hunde und Katzen hasste wie die Pest?

Die Tür wurde aufgerissen. »Na, dann wollen wir mal«, hörte sie die Stimme ihres Traum-Mannes. Sie schlug die Augen auf und strahlte ihn an.

»Hallo, Herr Doktor!«

Er ließ vor Schreck beinahe das Stethoskop fallen.

»Sie leben!?«, entfuhr es ihm.

Theresa blinzelte schelmisch. »Kann man in meinem Alter nicht mal mehr ruhigen Gewissens ein Nickerchen abhalten, ohne gleich für tot erklärt zu werden?«

Er wurde rot. Die hübsche blonde Krankenschwester neben ihm schubste die mitgebrachte Bahre aus Theresas Blickfeld und schaute sie vorwurfsvoll an.

Der gutaussehende Arzt fand schnell seine Fassung wieder. »War

doch nur ein Scherz«, sagte er lächelnd und griff nach ihrem Handgelenk, um den Puls zu messen. Wie schön warm sich seine Hände anfühlten!

»Alles bestens«, sagte er nach ein paar Sekunden und ließ ihren dünnen Arm fallen. »Wie fühlen Sie sich sonst so?«

Theresa blickte ihm tief in die Augen. Für einen kurzen Augenblick war sie noch mal siebzehn, voller Träume und Hoffnungen, jung, schön, mit glühenden Wangen und strahlenden Augen, mit wehenden Haaren und sprühend vor Lebenslust.

»Fantastisch«, seufzte sie und lächelte selig.

Er grinste. »Tja, dann werde ich mal Ihre Angehörigen anrufen«, sagte er, zwinkerte ihr verschwörerisch zu und wandte sich zum Gehen.

Theresa schnappte blitzschnell nach einem Zipfel seines gestärkten Kittels. »Nein, bitte nicht!«, flehte sie. »Rufen Sie die nicht an! Die sollen ruhig denken, dass ...«

Mit sanfter Gewalt löste er ihre dürren langen Finger, die sich erstaunlich kräftig an seinem Kittel festkrallten.

»Aber, aber!«, sagte er beschwichtigend und wandte sich der Krankenschwester zu.

»Geben Sie ihr ein Beruhigungsmittel«, ordnete er an, tätschelte nachsichtig Theresas Hand und verließ mit wehendem Kittel das Zimmer. Im Vorbeigehen kniff er der Schwester in den Po. Theresa schnappte empört nach Luft.

Während das unverschämt junge Ding verträumt lächelnd eine Spritze aufzog, schrillte plötzlich ihr Piepser. Unwillig legte sie die Spritze auf Theresas Nachttisch. »Bin gleich wieder da«, drohte sie und rannte hinaus. Theresa rappelte sich auf. Der Adonis in Weiß hatte sämtliche Selbstheilungskräfte in ihr aktiviert. Vergessen waren die Zipperlein, die Krampfadern wie der Herzinfarkt, vergessen der kleine Schlaganfall; alles nicht der Rede wert, sie fühlte sich jung und beschwingt, wie eine Blume beim ersten Sonnenstrahl nach einem langen, kalten Winter.

Sie war verliebt – unfassbar, nach so langer Zeit, verliebt wie ein Backfisch. Aussichtslos? Vielleicht nicht. Bei den Gehältern, die die Krankenhausärzte heutzutage verdienen! Wenn sie ihre Sparbücher wie zufällig auf dem Nachtkästchen drapierte und den Doktor beim nächsten

Mal bitten würde, ihr doch den neuesten Kontostand vorzulesen, würden sich ihre Chancen für ein Rendezvous exorbitant erhöhen. Und wenn sie dann noch erwähnte, dass sie ihre undankbare Brut enterbt hatte …

Nur diese blonde Schnepfe in der viel zu engen Schwesterntracht stand zwischen ihnen. Nun, dieses Problem ließ sich bestimmt lösen. Theresa drückte den Inhalt der Spritze in die Blumen, die daraufhin sofort die Köpfe hängen ließen. Dann schlurfte sie auf wackeligen Beinen ins angrenzende Badezimmer, öffnete den Verschluss des giftgrünen WC-Reinigers und zog die Spritze damit auf. Im selben Augenblick kam die Krankenschwester zurück ins Zimmer. »Wo zum Teufel …«, fluchte sie.

Theresa mobilisierte sämtliche Kräfte, dachte nur noch an die wunderschönen blauen Augen und den Traum in Weiß, riss die Tür des Badezimmers auf und stürzte mit gezückter Spritze auf die Rivalin, die mit dem Rücken zu ihr stand. Beherzt stieß sie die spitze Nadel in die blaue Schwesterntracht und drückte ab. Das blonde Gift stürzte röchelnd zu Boden und blieb mit Schaum vor dem Mund und weit aufgerissenen Augen merkwürdig verdreht liegen.

Theresa versteckte die Spritze in ihrem Kulturbeutel, schlüpfte zurück ins Bett und drückte die Alarmtaste. Nach ein paar Minuten kam eine eher unscheinbare Schwesternschülerin angetrabt.

»Sie ist plötzlich zusammengebrochen«, sagte Theresa mit brüchiger Stimme und deutete auf die Leiche, die, wie Theresa zufrieden bemerkte, im Tod nicht mehr halb so hübsch war wie noch vor wenigen Minuten.

Die Schwesternschülerin schlug Alarm. Eine ganze Horde von Ärzten stürmte herbei, allen voran Theresas Adonis. Sämtliche Wiederbelebungsversuche blieben allerdings erfolglos. Die ursprünglich für Theresa bestimmte Bahre fand nun doch ihre Verwendung.

Theresa konnte nur mühsam ein Kichern unterdrücken. Niemand würde auf die Idee kommen, dass die gebrechliche Schlaganfallpatientin etwas mit dem Tod der Krankenschwester zu tun haben könnte. Selbst wenn man die Spritze in ihrem Kulturbeutel fände – kein Gericht der Welt würde sie in ihrem hohen Alter zu einer Gefängnisstrafe verurteilen. Die Wahrscheinlichkeit, das Ende des Verfahrens zu erleben, war sowieso nicht besonders hoch. Theresa machte sich keine Illusionen. Sie wusste, dass ihre Zeit abgelaufen war. Und deshalb wollte sie noch einmal kurz vor Schluss so richtig Spaß haben. Vielleicht sogar noch mal heiraten, ganz in Weiß, mit einem hübschen Blumenstrauß ...

Übermütig zog Theresa sich die Infusionsnadel aus dem Arm. Gleich bei der nächsten Visite würde sie dem Herrn Doktor einen Heiratsantrag machen!

Statt der letzten Ölung vollzog der Krankenhauspfarrer einen Monat später die Trauung. Theresa entschlief in der Hochzeitsnacht mit einem glücklichen Lächeln auf dem Gesicht. Ganz in Weiß, mit einem Blumenstrauß.

Rätsel-Raten bis zur Hochzeit

Das Warten bis zur Hochzeit hatte sich Theresa mit Rätsel-Raten vertrieben und bei der allmorgentlichen Visite begeistert festgestellt, dass kein Rätsel ungelöst blieb – eine gemeinsame Leidenschaft hatten sie also!
Erst gab ihr der schöne Doktor diese Rätsel auf:

I.
Ich rede ohne Zunge,
ich schrei und rufe ohne Lunge,
ich habe auch kein Herz,
doch nehm ich teil an Freud und Schmerz.

II.
Hoch wie ein Haus,
klein wie eine Maus,
stachlig wie ein Igel,
glänzend wie ein Spiegel.

Dann überraschte er sie mit buchstabenverdrehten Worten:
Gesucht wird:
III. eine Grünanlage: SLOSCHKRASP
IV. ein Beleuchtungskörper: ZEREK
V. eine Gemüsesorte: MUHLEKNOBL
VI. eine Obstsorte: FICHSIRP
VII. eine Musikrichtung: ERSCHLAG

Private Banking

PETER ZEINDLER

»Ein bisschen viel Marmor!«

Senta stand atemlos im Eingang der Bank. Aber vielleicht ist es ja gar kein Marmor, dachte sie, sondern nur eine raffinierte Imitation. So wie ihr Schrank zu Hause auch aussah, als sei er aus Teak, obwohl er nur mit einer Teakholzfolie beklebt war.

Natürlich war der Marmor hier echt. Banken hatten es nicht nötig, zu tun, als ob. Wer Geld hat, kann sich das Echte leisten. Aber Geld verdirbt den Charakter. Dieser Wahlspruch ihrer Mutter verfolgte Senta bis in ihr Witwendasein hinein. Sie schrieb es diesem fatalen Wahlspruch ihrer Mutter zu, dass sie es im Leben nie wirklich zu etwas gebracht hatte. Jedenfalls nicht zu Reichtum. Sie hatte immer nur Zuchtperlen getragen, falschen Pelz, und auch ihre Zähne waren falsch. Schön falsch zwar, aber eben doch nicht mehr echt. Dafür waren sie aber immerhin bezahlt.

Leider konnte sie das von ihrer Schrankwand nicht sagen, die sie vor einem Monat, am zwanzigsten Todestag ihrer Mutter, aus einer Trotzreaktion heraus gekauft hatte. Als dann das kunstvoll gemaserte Möbelstück in ihrem düsteren Wohnzimmer stand, hatte sie sich gefreut und auch gleich damit begonnen, Erinnerungsgegenstände einzuräumen, die sich im Laufe ihres Lebens angesammelt hatten: Porzellantierchen, Kristallgläser, Stoffblumen, Tässchen mit Goldrand, Keramikfigürchen und natürlich die vielen Fotografien. Ihre Tage waren jetzt ausgefüllt. Sie arrangierte ihre Erinnerungsstücke immer wieder neu, und nach langem Ringen hatte sie es endlich sogar geschafft, sich von den Fotografien ihrer Mutter, einer streng blickenden mageren Frau, und auch von denen ihres verstorbenen Ehemannes zu trennen. Sie warf dem dicklichen Mann mit dem Doppelkinn und der Halbglatze einen letzten sachlichen Blick zu und legte dann sein schwarz gerahmtes Bild in eine der vielen Schubladen ihrer neuen Schrankwand.

Draußen steigerte sich eine Amsel in ihren abendlichen Frühlingsrausch hinein. Wie hingebungsvoll!, dachte Senta und lauschte, ob irgendwoher eine weibliche Antwort kam. Nichts. Vielleicht schluchzte die Amsel ja auch nur hinter der Sonne her, die sich heimlich davonmachte.

Senta spürte den Frühling anders als in anderen Jahren. Die neue Schrankwand schien neue Perspektiven zu eröffnen. In Sentas Innern rumorte so ein Gefühl, das ihr eigentlich abhanden gekommen war, und auch jetzt, als es sich vom Amselgesang beflügelt scheu zurückmeldete, hatte es kein Ziel. Es war die Liebe, daran zweifelte sie nicht. Aber wem galt sie?

Sie stand sinnend vor ihrem neuen Schrank und versuchte, Menschen an den Dingen festzumachen, die sie dort aufgestellt hatte. Aber entweder waren die Menschen tot, die ihre Erinnerungsstücke repräsentierten, oder aber sie waren weiblichen Geschlechts oder nur Kinder, Schwestern, Brüder, Cousinen, Cousins, Nichten oder Neffen.

Dass sie jetzt hier in der pompösen Schalterhalle des Hauptsitzes ihrer Bank, mitten in der City, stand, hatte mit ihrer Schrankwand zu tun und mit den Gefühlen, die der Frühling in ihr ausgelöst hatte. Zum einen war die Rechnung für das teure Möbelstück eingetroffen, und zum andern hoffte sie, hier im Hauptsitz ihrer Bank, hinter einem der Schalter den Mann zu sehen, der sie früher immer so freundlich bedient hatte. Denn mittlerweile war die ihr so vertraute Filiale, die nur drei Minuten von ihrer Wohnung entfernt gewesen war, wegrationalisiert worden und gleichzeitig auch der freundliche Schalterbeamte, dem sie damals ihr bescheidenes Vermögen überantwortet hatte. Sie hatte ihm ihren ganzen Besitz in Tausendernoten ausbezahlt, deren Seriennummern sie gewissenhaft in ihr kleines schwarzes Büchlein notiert hatte.

»Passen Sie gut auf mein Geld auf, Herr Keller«, hatte sie dem Mann mit dem Mittelscheitel und den Vergissmeinnicht-Augen konspirativ zugeflüstert. Und Herr Keller hatte stumm genickt und gelächelt. Eine Weile hatten sie sich in die Augen geschaut, und diesen Augenblick hatte Senta seither nie mehr vergessen. Sie hatten ein gemeinsames Geheimnis. Sie gehörten zusammen, obwohl das Panzerglas sie trennte. Damals, sie erinnerte sich genau, hatte sie, um mehr Nähe zu ihrem Vertrauten herzustellen, versucht, ihre Hand durch die Öffnung zu quetschen, wo sonst nur Noten und Schecks und Belege hin- und hergeschoben wurden, um zumindest mit den Fingerspitzen die Hand des Schalterbeamten berühren zu können. Es war ihr gelungen, und Herr Keller hatte gelächelt.

Und jetzt stand sie also in der Halle im Hauptsitz ihrer Bank, mitten in der City, wo Adrian Keller inzwischen, so hoffte sie, seinen Dienst versah. Auf einem Prospekt der Bank hatte sie die zwei Worte *Private Banking* gelesen und sich dabei an ihren Englandaufenthalt, an die Begegnung mit Herrn Keller und an den beinahe gelungenen Händedruck erinnert. *Private Banking* in doppelter Hinsicht war das, was sie mit Herrn Keller verband. Sie hatte ihm ihr Vermögen anvertraut, und er hatte es mittlerweile verwaltet und dabei sicherlich immer wieder an sie gedacht. Die Zeit war gekommen, dieses Stück Gemeinsamkeit auszubauen, sich dem Sog des Frühlings hinzugeben ...

Sie gab sich einen Ruck und schritt die Reihe der Schalter ab. Und wirklich! Da stand er hinter dem dicken Glas, Herr Keller, mit leicht veränderter Frisur und einer etwas zu bunten Krawatte. Aber mit dem vertrauten Lächeln.

»Herr Keller, wie ich mich freue, Sie wiederzusehen«, sagte sie.

Er nickte verwirrt. Sie versuchte vergeblich, ihre Hand durch die schmale Öffnung im Panzerglas zu quetschen. Entweder war ihre Hand weniger gelenkig als früher oder die Sicherheitsmaßnahmen der Bank waren verschärft und somit die Öffnung verkleinert worden.

»Ich möchte mein Geld zurück, Herr Keller!«, sagte Senta. Herrn Kellers Verhalten und die Unmöglichkeit, ihn berühren zu können, irritierten sie.

Herr Keller nickte und bat sie, sich auszuweisen.

»Aber wir kennen uns doch, Herr Keller!«

Er nickte erneut. »Vom Sehen!«

»Sie kennen doch auch meinen Namen, Herr Keller. Und meine Berührung. Und mein Lächeln. Und ... « Sie brach ab. Sie wollte noch nicht über Gefühle sprechen.

Herrn Kellers Vergissmeinnicht-Augen verschwammen.

»Senta Strobel«, sagte sie endlich verwirrt, als Herr Keller wie ein Fisch auf dem Trockenen nach Luft schnappte, im Versuch, die Silben ihres Namens aus seinem Gedächtnis zu befreien, die sich dort verhakt zu haben schienen.

»Natürlich, Strobel. An den Vornamen habe ich mich erinnert. Nur – hätte ich Sie beim Vornamen nennen können?«

»Sie hätten!«, nickte sie und war halbwegs wieder versöhnt.

Sie kramte in ihrer Handtasche, holte ihr schwarzes Büchlein hervor und las laut die Seriennummern der Banknoten vor, die sie damals eingezahlt hatte. Dann klappte sie das Büchlein zu und schaute Herrn Keller erwartungsvoll an. »Mein Geld, Adrian!«, fügte sie lächelnd hinzu. »Es ist Zeit, damit etwas Gescheites anzufangen.«

Er nickte. Wieder schien er verwirrt zu sein.

»Wir könnten Ihr Geld in einen Fond anlegen«, murmelte er.

»Wir«, hatte er gesagt. Immerhin.

»Ich will aber mein Geld nicht anlegen, Adrian. Ich möchte, dass Sie es mir auszahlen.«

»Schade«, sagte er. »Jetzt, wo ich Ihnen ein so günstige Angebot hätte machen können.«

Angebot hatte er gesagt, nicht Antrag.

»Ich möchte das Geld zurück! Ich will es ausgeben. – Wir könnten es ausgeben«, fügte sie nach einer kurzen Pause hinzu. »Sinnvoll ausgeben.« Wieder zögerte sie. »Oder einfach verprassen. In Venedig, auf Hawaii ...«

Adrian Keller stand mit offenem Mund hinter dem Glas. Er sah jetzt wirklich aus wie ein Fisch im Aquarium, dachte sie einen kurzen Augenblick lang, verdrängte den Gedanken aber schnell wieder. Beim Wort »verprassen« war er zusammengezuckt. Sie hatte es ganz deutlich gesehen. Seine Bankerseele hatte gelitten. Schade, dachte sie.

»Oder Sie können Ihr Geld in Obligationen anlegen.«
Er insistierte. Seine blauen Augen fixierten sie gierig. Sie nahm es zur Kenntnis, wusste diese Gier aber nicht zu deuten.
»Ich will keine Obligationen, Adrian. Ich will mein Geld zurück. *Mein* Geld!«
Sie betonte das Possessivpronomen mit Inbrunst. Keller seufzte. Er wandte sich ab. Sie sah die Schuppen auf dem Kragen und auf den Schultern seines grauen Jacketts. Keller griff in eine Schublade und hatte dann ein Bündel mit Banknoten in der Hand. Er betrachtete sie mit gequältem Gesichtsausdruck. Seine kurzen Finger liebkosten die Geldscheine. Er ließ ein leises Stöhnen hören. Vielleicht hatte er ja auch laut geschrien, und das Panzerglas hatte seine überraschende Emotion bloß erstickt.
»Wenn es also sein muss!«
Er zählte zehn Scheine in den Metallteller und schob sie dann durch den Schlitz, durch den sich ihre Hand vergeblich zu drängen versucht hatte, auf ihre Seite.
»Zehntausend! Bitte!«
Senta zog ihr schwarzes Büchlein aus der Tasche, öffnete es beinahe feierlich, nahm dann eine Banknote nach der andern in die Hand und verglich die Seriennummern mit ihren Aufzeichnungen. Ihr Gesichtsausdruck versteinerte. Endlich klappte sie das Büchlein zu, steckte es in ihre Handtasche, bündelte die Geldscheine und schob sie dann durch den Schlitz zurück auf Kellers Seite.
»Herr Keller«, sagte sie förmlich. »Sie scheinen mich nicht verstanden zu haben. Ich will *mein* Geld zurück. Mit andern Worten, das Geld, das ich eingezahlt habe. Nicht irgendwelche Banknoten. Ich habe die Seriennummern verglichen. Es ist nicht mein Geld, was Sie mir zurückgeben wollten.«
»Frau Strobel!«, sagte er flehend. Er hatte zuvor einen schnellen Blick auf seinen Computer geworfen, wo wohl ihr Name stand, den er anscheinend schon wieder vergessen hatte.
»Ja?«
»Es tut mir unendlich leid. Aber dieselben Noten, die Sie eingezahlt haben, kann ich Ihnen nicht zurückgeben. Sie sind irgendwo unterwegs. Aber selbstverständlich haben Sie das Recht auf Zinsen.«

»Sie verstehen mich nicht«, sagte Senta bitter. »*Private Banking*, haben Sie versprochen. Ich verstehe Englisch, Herr Keller. Das bedeutet, individuelle Betreuung. Begegnungen der persönlichen Art!«

»So ist das nicht gemeint, Frau Strobel.«

»Wie denn?«

»Umfassender, Frau Strobel.«

Er schaute sie flehend an. Sie wich seinem Blick aus und dachte an die Amsel und ihren Gesang ins Leere. Oder vielleicht auch nicht ins Leere. Vielleicht hatte sie einfach aus einem ganz persönlichen Bedürfnis heraus gesungen. Oder weil die Natur es so wollte.

»Dann also wollen wir, Herr Keller«, sagte sie sanft.

»Was wollen wir?«

»*Private Banking* vollziehen. Umfassender, wie Sie es vorgesehen haben.«

»Und wie soll das aussehen?«

»Ich dachte, Sie wüssten das.«

»Ich kann Ihnen einen Prospekt geben, in dem alles über *Private Banking* drinsteht.«

Senta schüttelte unwillig den Kopf. »Ich will aber keinen Prospekt. Ich will das Leben. Oder von mir aus den Tod. Aber ich will es spüren, dieses *Private Banking*.«

Keller schüttelte verzweifelt den Kopf. Aber er schwieg. Ihm fiel nichts mehr ein, was Senta hätte beschwichtigen können. Der Ruf seiner Bank stand auf dem Spiel, das spürte er. Oder vielleicht sein Ruf als Schalterbeamter. Schon eher.

»Herr Keller, weit oben über der Stadt, am Zürichberg, steht eine Parkbank. Dort, wo ein russischer General nach geschlagener Schlacht seine Spuren hinterlassen hat. Und dort warte ich auf Sie! Wenn es sein muss, bis in den Herbst hinein. Da sitze ich so lange, bis Sie sich zu mir setzen und mir mein Geld zurückbringen. *Mein* Geld!«

Und mit diesen Worten wandte sie sich ab und stapfte davon, ohne auch nur einen Blick auf die pompösen Marmorsäulen zu werfen.

Sie hatte zwei Stunden warten müssen, bis er endlich atemlos und verschwitzt auftauchte. Natürlich hatte er den Schalterschluss abwarten müssen, damit hatte sie auch gerechnet.

»Und?«, fragte sie, rückte ein wenig zur Seite und klopfte mit der

Hand auffordernd auf die Sitzfläche der Bank. Keller setzte sich vorsichtig, die Hände auf den Knien abgestützt. Hinter dem Schalter war er beeindruckender als in voller Körpergröße. Es war wie beim Fernsehen, dachte sie. Bestimmt blieben einem Enttäuschungen erspart, wenn man die Tagesschausprecher nur ohne Unterleib zu sehen bekam.

»Ich bin gekommen«, sagte er einfach. »In meiner Freizeit. Ganz privat.«

»Und wo haben Sie mein Geld?«

Er hob bedauernd die Hände. »Ich habe mich bemüht, Frau Strobel. Aber die Noten mit Ihren Seriennummern sind nicht mehr aufzutreiben.«

»Vielleicht sind sie jetzt in den Händen der Mafia, in Moskau oder auf Sizilien. Oder in Chicago«, sagte sie bitter. »Mein Geld in Händen von Verbrechern!«

Keller schwieg. Eine Amsel begann zu singen. Irgendwo hielt ein Specht prosaisch dagegen.

»Das ist ein Buntspecht«, sagte Keller nicht ohne Stolz. »Ich bin Freizeit-Ornithologe, müssen Sie wissen.«

Er schwieg. Dann begann er plötzlich Witterung aufzunehmen, wie ein Hund. »Maiglöckchen«, röchelte er, stand auf, bückte sich und kam mit einem kleinen Sträußchen zurück, das er ihr verlegen entgegenstreckte.

Sie nahm ihm den Strauß ab, lächelte und schaute in seine Vergissmeinnicht-Augen. »Ich lade Sie zum Abendessen ein, Herr Keller.«

Er zögerte. Er hatte wohl gedacht, dass er mit einem Blumensträußchen davonkommen könnte. Aber sie ließ ihn nicht los. Sie war dabei, sich seines Privatlebens zu bemächtigen, das er ihr vorenthalten wollte.

»Und was gibt es Gutes?«, fragte er ohne Neugier mit matter Stimme.

»Risotto mit Bärlauch! Ich habe heute frischen Bärlauch gekauft.«

Er nickte ohne Überzeugung. »Ich habe noch nie Bärlauch gegessen.«

Das half ihm aber nichts. Sie hatte sich bei ihm untergehakt und dirigierte ihn sanft in die Richtung ihrer Wohnung. Den Strauß mit den Maiglöckchen trug sie in der andern Hand.

Eine halbe Stunde später saß Keller in Sentas Küche und schaute ihr zu, wie sie den Bärlauchpesto mixte: Bärlauchblätter, Pinienkerne, Parmesan, Olivenöl.

»Ich mag den Geruch«, sagte sie. »Etwas streng zwar, aber wer den Bärlauch kostet, erliegt ihm.«

»Es riecht nach Maiglöckchen«, sagte Keller und schnüffelte.

»Sind Sie auch Botaniker, nicht nur Ornithologe?«

»Leider nicht! Ich weiß auf diesem Gebiet eigentlich nur, was Blüten sind.«

Er lachte in sich hinein. Sie schaute ihn fragend an.

»Blüten, gefälschte Banknoten.«

»Ach so«, sagte sie offensichtlich uninteressiert. »Mein Mann kannte sich in in Sachen Pflanzen bestens aus. Er war ein Kenner. Besonders auf dem Gebiet der Giftpflanzen war er ein wahrer Meister. Er kannte die Schwalbenwurzgewächse, die sogenannten Hundswürger, die Hundspetersilie und die *Convallaria majalis*.«

»*Majalis*? Was ist das? Ich kann kein Latein«, fragte Keller verunsichert.

»Schade«, sagte Senta. »Man sollte die alten Sprachen am Leben erhalten. Manchmal ist Bildung überlebenswichtig.«

Keller nickte. »Ihr Mann ist …?«

»Ja. Vor zehn Jahren. Er hat einen Pantherpilz erwischt. Und dieser ihn. Wahrscheinlich hat er ihn mit dem Parasol verwechselt. Pilze waren nicht seine Stärke.«

»Das tut mir aber leid, Frau Strobel.«

Sie zuckte mit den Schultern.

»Er war so unromantisch. Und er hatte keinen Sinn für Intimität. Sie würden es das Private nennen, Herr Keller.«

Keller lächelte gequält.

»Hören Sie draußen vor dem Fenster?«, fragte Senta.

»Ein Buchfink«, sagte er schnell.

»Es ist Frühling, Herr Keller!«, sagte sie beschwörend und rührte den Bärlauchpesto unter den Risotto.

Als sie endlich im Wohnzimmer im Schatten der neuen Wohnwand am festlich gedeckten Tisch saßen, den Teller mit dem zartgrünen Risotto vor sich, als Adrian Keller vorsichtig den ersten Bissen in den Mund geschoben hatte und mit geschlossenen Augen kaute, als draußen die Amsel flötete und die Kirchenglocken Betzeit einläuteten, verzog Senta ihr Gesicht zu einer kleinen Grimasse. Sie betrachtete ihren Gast wie ein Museumsstück, mit einer Art wissenschaftlichem Interesse.

»Ich habe vergessen, die Maiglöckchen in die Vase zu stellen«, sagte sie.

Keller reagierte nicht. Mit wachsender Begeisterung schob er eine zweite Gabel mit dem Bärlauchpesto in den Mund, dann eine dritte, eine vierte, während Senta noch immer keinen Bissen gegessen hatte.

»Was ist mit Ihnen, Frau Strobel? Sie essen nicht? Es ist doch so schön hier, so intim. So wirklich privat.«

»*Convallaria majalis*«, sagte Senta nachdenklich.

Keller kaute und schaute sie dabei fragend an.

»*Convallaria majalis*. Das sind Maiglöckchen.«

Keller nickte. »Danke für die Auskunft. Jetzt habe ich wieder etwas gelernt. Übrigens: Der Bärlauchpesto schmeckt wunderbar!«

»Sie haben mich enttäuscht, Herr Keller. Maßlos enttäuscht.«

Keller ließ seine Gabel sinken. Er war etwas blass um die Nase.

»Warum denn?«

»Weil Sie nicht der sind, für den ich Sie gehalten habe. Sie haben mir meine Banknoten nicht zurückgegeben. Ihr Unterkörper und Ihre Beine lösen nicht das ein, was Ihr Oberkörper verspricht. Sie haben sich nicht mehr an mich erinnert, obwohl ich Sie seit unserer ersten Begegnung nicht mehr vergessen konnte. Und Sie sind unromantisch.«

»Wir haben doch zusammen auf einer Bank gesessen, Frau Strobel!«

Auf Kellers Mittelscheitel bildeten sich kleine Schweißperlen.

»Ich habe Sie dazu aufgefordert. *Private Banking*, wie ich es verstehe. Ich musste auch meinen verstorbenen Mann immer zu allem auffordern, was außerordentlich war. Zu einer Reise nach Venedig, auf den Vesuv, nach Hawaii. Aber er hat sich verweigert. Er hat das heimische Toggenburg vorgezogen. Weil es ihm dort die Flora besonders angetan hatte. Für die Pilze war übrigens immer ich zuständig.«

»Gut, dass wir heute abend keine Pilze essen«, kicherte Keller, wischte sich mit dem Taschentuch den Schweiß von der Stirn und nahm einen großen Schluck aus dem Weinglas.

»Ich habe mir alles anders vorgestellt mit Ihnen, Herr Keller. Das Leben ist zu kurz, als dass man sich wiederholen sollte. Aber ein Mann ist wie der andere. Und auch die Todesarten gleichen sich.«

Keller schien sie nicht zu verstehen. Er hatte den Knoten seiner zu bunten Krawatte gelöst und den obersten Hemdknopf geöffnet. Er keuchte.

»Ich habe für Sie einen Maiglöckchenstrauß gepflückt. War das nicht romantisch?«

»Das hätten Sie nicht tun sollen. Es war eine Geste ohne Überzeugung. Und sie kostet Sie das Leben!«

»Was!«, schrie Keller und schaute Senta entsetzt an. Ein dünner grüner Faden rann aus seinem rechten Mundwinkel.

»Wären Sie Botaniker, wie mein verstorbener Mann es gewesen ist, hätten Sie gewusst, dass man die Blätter von Bärlauch und die giftigen der Maiglöckchen kaum voneinander unterscheiden kann.«

»Frau Strobel!«, gurgelte Keller und sank in die Knie.

»Ihr Besuch hat mich etwas verwirrt, Herr Keller. Vielleicht habe ich aus Versehen Ihren Maiglöckchenstrauß in den Mixer getan statt den Bärlauch.«

Die Amsel vor dem Fenster jubelte. Die Kirchenglocken verklangen.

Und Senta schaute auf Herrn Keller hinab, der ausgestreckt im Schatten der neuen Schrankwand lag und schon kaum mehr atmete.

Kniffliges Begriffe-Suchen

Dieser Zwischenfall hatte Senta zwar enttäuscht, sie aber nicht davon abhalten können, auf ihr tägliches Ritual zu verzichten.
Nach jeder praktischen Verrichtung suchte sie nämlich einen geistigen Ausgleich, um ja nicht so verstockt zu werden, wie ihr bereits dahingeschiedener Mann – der ja offensichtlich kein Einzelfall war, wie sie gerade wieder hatte erfahren müssen. Also, erst den Abwasch, dann Herrn Keller entsorgen und danach ab an das knifflige Begriffe-Suchen:

I.

Das Erste, ein Vogel, lebt tags in Verstecken.
Im Zweiten kannst du dein Bild entdecken.
Das Ganze ein Schelm, jedem Schulkind bekannt,
wanderte lustig durchs deutsche Land.

II.

Das Erste kommt lind oder heftig gefahren.
Das Zweite lieben alle in Kinderjahren.
Das Ganze – auf Bildern – sieht man begleiten
seinen hohen Herren, Friedrich den Zweiten.

Am Ende eines Tages

Marie Sea

Sie hatte ihr Leben lang immer nur Schwarz getragen. »Zu meiner Beerdigung«, hatte er gesagt, und immer noch diese unendliche Tiefe in den Augen gehabt, die sie schwach werden ließ, »möchte ich, dass du leuchtest, wie eine Sommerwiese.«

»Für dich tue ich doch alles.« Sie hatte gelächelt und es ernst gemeint, aber nicht damit gerechnet, dass diese Situation so bald eintreten würde. Vor zwei Monaten hatten die Schmerzen plötzlich eingesetzt, dann kam die Diagnose. An seine voraussichtliche Lebenserwartung hatte er sich, mit einer Abweichung von zwei Tagen, gehalten. In wichtigen Dingen hatte sie sich halt immer auf ihn verlassen können.

Natürlich starrten alle sie jetzt an, zumindest jene, die sich nicht ganz unter ihren schwarzen Regenschirmen versteckten. Sie fand es unaufmerksam, vor lauter Schirmen konnte sie ja kaum die Gesichter derjenigen sehen, die um sie herumstanden, ihr die Hand schüttelten, ein paar Worte murmelten oder ihr still die Hände auf die Schultern legten ... Auf Beerdigungen regnete es doch fast immer, mindestens auf jeder zweiten; bei der Anzahl von Menschen, die in den letzten Jahren um sie herum gestorben waren, konnte man so eine Statistik schon aufstellen – jedenfalls hätte man sich mittlerweile ihrer Meinung nach schon daran gewöhnt haben müssen, auf Beerdigungen ein bisschen nass zu werden.

Ja, sie fand es geradezu respektlos, dass sie genötigt wurde, sich zwischen den Schirmen mit den vielen Spitzen an ihren Rändern hindurchzudrängeln. Die Übrigen fanden es dagegen offensichtlich respektlos oder anstößig, dass sie am Grab ihres geliebten Mannes in einem hellgrünen langen Samtrock, einem dicken gelben Rollkragenpullover und einem glockigen roten Mantel leuchtete wie eine Sommerwiese.

»Ich schaue nachher noch mal auf einen Sprung bei Ihnen rein, Frau de Vries. Falls Sie irgendetwas brauchen ...« Anne schreckte aus ihren Gedanken hoch und musste gleich wieder einem bedrohlich näherkommenden Regenschirm ausweichen. Darunter zum Vorschein kam ihre Nachbarin.

Viel hatte sie in all den Jahren nicht mit Frau Leipelt zu tun gehabt, und die Ankündigung ihres Besuchs jetzt empfand sie als ein bisschen aufdringlich. Es war aber sicher mitfühlend gemeint, dass Frau Leipelt zur Beerdigung von Walter gekommen war, gerade bei dem, was sie selbst in den letzten Wochen durchgestanden hatte. Die Beerdigung ihres eigenen Mannes war ja gerade mal drei Wochen her; die Umstände seines Todes waren immer noch unklar, und Frau Leipelt stand immer noch unter Mordverdacht. Natürlich war die Polizei auch bei Anne und Walter gewesen, aber da war Walter schon kaum mehr vernehmungsfähig gewesen, und Anne hatte nur bestätigen können, dass die Ehe der Leipelts nicht gerade das war, was man gewöhnlich als harmonisch bezeichnete. Aber sie wollte jetzt nicht an diese nervenaufreibenden Polizeibesuche denken, auch wenn ihr Frau Leipelt immer leid getan hatte und sie im Innern von ihrer Unschuld überzeugt war. Sie wollte sich nicht schon wieder damit beschäftigen, nicht jetzt, nicht am Tage von Walters Beerdigung. Walter war derjenige gewesen, der ab und zu die Grenze des Gartenzauns überschritten hatte, der der Nachbarin regelmäßig die Post rübergebracht hatte, damit der alte Briefträger Pechstein sich mit seinem lahmen Bein nicht die steile Haustreppe zum Briefkasten hatte hochquälen müssen, und er war manchmal auch auf ein Pläuschchen bei Frau Leipelt geblieben.

Anne und Walter hatten sich immer mit Erfolg aus den Nachbarschaftsquerelen herausgehalten; umso besorgter war Anne gewesen, als Walter immer öfter ziemlich bedrückt von den »Pläuschchen« zurückkehrte. Der stadtbekannte kaltblütige Immobilienhai Leipelt hatte seiner Frau das Leben zur Hölle gemacht. Aber Walter war nie ein Mann von vielen Worten gewesen, und so sehr interessierte Anne die Geschichte auch wieder nicht, zumal sie Herrn Leipelt sowieso nicht hatte ausstehen können – das Lokalblatt war voll von seinen kriminellen, aber dem Gesetz nach legalen Machenschaften. Und zu der kühlen Frau Leipelt hatte sie auch nie recht Zugang bekommen. Wenn Walter nach seinen Besuchen in jüngster Zeit manchmal traurig gesagt hatte: »Sie könnte unsere Tochter sein«, verstand Anne es so, dass er ihr gerne geholfen hätte. Er hatte sie ins Herz geschlossen. Anne hatte dann manchmal bei sich gedacht, dass ihre und Walters Tochter, die mit drei Jahren auf tragische Weise ertrunken war, bestimmt niemals Ähnlichkeit mit Frau Leipelt gehabt hätte, akzeptierte aber im Stillen Walters späte Vatergefühle. Andererseits fand sie das Verhalten der Nachbarin nicht in Ordnung. Schwerkrank wie Walter schon gewesen war, hatte Frau Leipelt sich von ihm immer noch die Post bringen lassen und seine Aufmerksamkeit in Anspruch genommen. Nachdem die Polizei ihre Nachforschungen begonnen hatte, sprach sonst ja keiner mehr mit ihr.

Anne spürte den Regen im Gesicht und kam mit ihren Gedanken langsam wieder zum Anlass des Regenschirmaufgebots zurück. Sie spürte auch, dass Frau Leipelt sie immer noch ansah. Sie fühlte sich gar nicht so bemitleidenswert, wie die Nachbarin, ihrem salbungsvollen Augenaufschlag nach zu urteilen, sich offensichtlich vorstellte.

Anne fühlte Walter ganz nah bei sich, schneuzte kurz in ihr durchnässtes Stofftaschentuch, ging vorsichtig um das Grab mit dem von Blumen übersäten Sarg herum – wie tief unten er lag –, nahm Erna bei der Hand und lächelte ihr zu. Das war zu viel für Erna, die jetzt erst so richtig in Tränen ausbrach. Auch in Erna würde Walter weiter leben, spürte Anne, im Grunde hatten sie sich ja zu dritt kennen gelernt, damals, im Vorzimmer des Schuldirektors, bei der Einschulung, Klasse 1c, vor gerade einmal einem halben Jahrhundert ... Erna griff fest nach ihrer Hand.

Der Regen wurde etwas dünner, die Regenschirme wurden weniger.

»Kommen Sie, Frau de Vries, ich nehme Sie mit nach Hause.« Jetzt war Anne Frau Leipelt doch dankbar für ihre Fürsorglichkeit.

Erna war direkt vom Bahnhof gekommen und saß jetzt, mit ihrem Köfferchen auf dem Schoß, auf dem Notsitz des knallroten Flitzers. Der Regen war wieder stärker geworden und floss in kleinen Bächen an den Seitenfenstern herunter. Anne fühlte sich etwas unbehaglich neben Frau Leipelt, die angespannt mit dem Schaltknüppel hantierte, als gelte es vorzuführen, dass auch ein Prestige-Objekt über mehrere Gänge verfügt.

Anne war erleichtert, die Nachbarin hinter ihrer knarrenden Gartenpforte verschwinden zu sehen und endlich die Haustür hinter sich und Erna zufallen lassen zu können. Der Anblick von Walters dunkelgrauem Mantel am Garderobenständer gab ihr das Gefühl, wieder zu Hause zu sein, während er bei Erna erneut einen Tränenausbruch auslöste.

In ihrem Wattetraum, in dem sie Walter bei sich fühlte, setzte Anne erst mal eine Kanne Tee für sich und Erna auf, die sie in eine Decke gewickelt auf das rote Plüschsofa verfrachtet hatte, wo sie sich langsam etwas zu beruhigen schien.

»Erna, hast du Lust, alte Fotos zu gucken? Ich würde Walter so gerne sehen ...«

Anne war beim Abschied von Frau Leipelt endgültig klar geworden, dass diese es ernst meinte. Womit auch immer. Sie würde »ganz sicher nachher noch mal auf einen Sprung vorbeischauen«.

Ob Frau Leipelt den Trost einer verständnisvollen älteren Dame suchte, die der Zufall ebenso zur Witwe gemacht hatte wie drei Wochen vorher sie selbst, oder einer älteren Dame Trost spenden wollte, die jetzt in der gleichen Lage war wie sie seit drei Wochen – Anne wusste es nicht. Irgendwie machte die Nachbarin sie jedenfalls nervös. Sie wollte jetzt einfach die Ruhe genießen, war froh, Erna um sich zu haben, ging zu Walters altem Sekretär, in dem er seinen Cognac stehen hatte, und füllte die Cognacgläser genauso voll wie die zierlichen Teetassen, bis die Flasche leer war.

Die Fotosammlung schien schier unerschöpflich, die erste gemeinsame Reise ins Tessin, Walters durchgebrochener Spazierstock, über den sie balanciert waren, weil Walter ganz begeistert von der Idee gewesen war, so den Damen galant den Weg durch ein kleines Schlammloch angenehmer zu machen, Walter beim Aufhängen von Annes nassen Wanderstrümpfen …

Anne hatte doch schon immer gewusst, dass sie einmal viel Zeit haben würde, all das nachzuerleben, was sie jahrzehntelang an gemeinsamem Leben dokumentiert hatte, als würde sie ein Bildertagebuch führen.

»Wir haben doch gar keine Zeit, uns das alles anzugucken!«, hatte Walter schmunzelnd Annes immer größer werdende Fotokästchen, -kisten und -kartons kommentiert. Nein, Walter, wir hatten sie nicht mehr, aber was würden Erna und ich jetzt ohne die Bilder machen!

Der Cognac hatte beide gewärmt, und Erna, eine der größten Bewunderinnen »einer so großen Liebe« – dabei wurde Anne immer noch ein bisschen rot –, hörte mit dem Schwärmen gar nicht mehr auf, und ihnen beiden wurde noch wärmer.

Die Türklingel ließ sie hochschrecken. Anne mühte sich aus ihrem Ohrensessel, während Erna eine neue Flasche aus dem Sekretär holte.

»Ich hoffe, ich störe nicht, Frau de Vries …«

»Bei mir auf dem Sofa ist noch Platz, Frau Leipelt, mögen Sie auch einen?«, unterbrach Erna die Begrüßungsfloskel und zeigte auf die frisch geöffnete Flasche. Anne spürte wieder diese Unbehaglichkeit in sich aufsteigen. Ihr wurde ganz plötzlich eiskalt.

Als sie in Walters großer Strickjacke eingewickelt zurück ins Wohnzimmer kam, hörte sie, wie Erna Frau Leipelt von Walter vorschwärmte. Über einen Themenwechsel wäre sie nicht unerfreut gewesen, es gibt ja schließlich noch so etwas wie eine Intimsphäre, aber da war Erna schon immer etwas anderer Meinung gewesen, und der Weinbrand hatte offensichtlich sein Übriges getan …

Anne lehnte sich zurück.

»Walter, Anne und ich waren ja im selben Alter, und ich habe es immer als so bereichernd empfunden …«

»Jochen, mein Mann, mein verstorbener Mann«, Frau Leipelt hatte ein leichtes Zucken in den Mundwinkeln, während sie sprach, »war doppelt so alt wie ich. Es war nicht immer ganz einfach.«

»Ja, so ein großer Altersunterschied …« Oh, Erna! Wenn du so weitermachst, erfahren wir gleich noch, welche Schuhgröße Jochen hatte, »… das ist nicht immer leicht.«

Anne döste vor sich hin, füllte ab und zu die Gläser und dachte daran, wie schön es wäre, wenn Walter jetzt wirklich neben ihr sitzen würde, während Erna sich so richtig in Fahrt redete. Frau Leipelt schien abwesend, trank schnell und warf ab und zu in Ernas allgemeine Abhandlung über Paare – eins von Ernas Lieblingsthemen – ein paar kurze Bemerkungen ein.

Endlich stoppte Erna sich, schaute zu Anne, schaute zu Frau Leipelt und wartete.

Anne wollte gerade das peinliche Schweigen brechen, als sie sah, dass Frau Leipelt sich aufsetzte und ihren Kopf mit den kurzen dunklen Haaren schüttelte. Leise fing sie an zu sprechen, ihre Zunge war schwer, sie hatte zu schnell und zu viel getrunken.

»Jochen hatte besondere Vorstellungen von der Ehe, wissen Sie ... Es wurde immer schlimmer. Er war ja ungefähr im gleichen Alter wie Ihr Mann, Frau de Vries, aber so ganz anders. Jetzt bin ich wieder frei, aber werde vielleicht gar nichts mehr von meiner Freiheit haben.«

Anne und Erna warfen sich einen ratlosen Blick zu.

»Walter wusste davon.«

Was wusste Walter? Der Ton, in dem Frau Leipelt den Satz hervorgestoßen hatte, ließ Anne innerlich auffahren, sie wagte aber nicht, Frau Leipelt zu unterbrechen. Sie fing Ernas fragenden Blick auf und fühlte sich durch ihn noch unbehaglicher.

»Er hat ja morgens immer den Briefträger abgefangen, damit ich meine Post bekommen konnte. Bis auf die Briefe hat Jochen es geschafft, mir jeglichen Kontakt zur Außenwelt zu unterbinden. Der klassische goldene Käfig. Ohne die Arbeit im Garten und die Gespräche mit Walter, wenn er beim Unkrautjäten war, hätte ich das so lange gar nicht ausgehalten ...«

Goldener Käfig – ihr war nicht entgangen, dass Frau Leipelt eigentlich immer zu Hause war. Aber dass ihr Mann sie quasi gefangen gehalten hatte? Ach, Walter, ich weiß, du hast nie gerne über andere Leute getratscht und Erna und mich, wenn wir gerade so richtig in Fahrt kamen, mit deinem liebevoll-spöttischen Blick von der Seite angesehen. Aber was wusstest du noch über Frau Leipelt, die jetzt bedrückt hier sitzt und irgendetwas auf dem Herzen hat, das sie heute, am Tag deiner Beerdigung, loswerden will.

»Wenn die Ermittlungen endlich abgeschlossen sind, werden auch wir uns nicht mehr sehen, so oder so ... Im besten Fall werde ich von hier weggehen.«

Anne sah zu der sichtlich irritierten Erna hinüber und entschied sich, gar nichts mehr zu sagen, gar nichts mehr zu fragen, ihr war das alles für heute genug.

»Ich wünsche Ihnen beiden, besonders Ihnen, Frau de Vries, von Herzen alles, alles Gute. Sie hatten einen wunderbaren Mann.«

Anne hatte das Gefühl, ihr seien alle Kräfte aus den Gliedern gewichen, nachdem sie die Haustür hinter Frau Leipelt geschlossen und sich wieder in ihren Ohrensssel hatte fallen lassen.

»Verstehst du das?«, unterbrach Erna das Schweigen. »Was wollte die eigentlich hier? Ein richtiger Beileidsbesuch war das doch gar nicht ...«

»Erna, ich weiß es nicht, und ich will es auch nicht wissen. Sie hat mir eben richtig leid getan.«

»Was meinte sie denn mit den Ermittlungen?«

»Sie steht immer noch unter Mordverdacht, aber bisher konnten sie ihr wohl nichts nachweisen.«

»Davon hast du mir gar nichts erzählt, Anne!«

»Ich hatte in den letzten Wochen auch meistens andere Dinge im Kopf, Erna.«

»Oh, verzeih, Anne, so meinte ich das auch gar nicht.«

Erna streichelte ein paar Mal behutsam über Annes Hand.

»Vor drei Wochen ist doch Frau Leipelts Mann gestorben«, begann Anne, jetzt ruhiger, zu erzählen. »Ich glaube, das hatte ich dir am Telefon erzählt. Sie hat ihn tot am Fuß der steilen Treppe zum Hauseingang gefunden. Scheinbar Genickbruch. Sie selbst war in der Nacht bei Freunden auf dem Land gewesen.«

»Wieso, dann kann sie es doch gar nicht gewesen sein!«, unterbrach Erna.

»Langsam, langsam. Erstens haben sie später festgestellt, dass er noch eine andere Kopfverletzung hatte, die eindeutig nicht vom Sturz verursacht war, und zweitens haben ihre Freunde ausgesagt, dass es Frau Leipelt an jenem Abend so schlecht ging, wegen ihres Mannes, dass sie nicht mit auf das Fest gegangen ist, zu dem sie gemeinsam eingeladen waren. Sie ist bei ihren Freunden zu Hause geblieben.«

»Und hatte genug Zeit, in die Stadt zu fahren, ihren Mann um die Ecke zu bringen und wieder zurückzufahren!«, kam es befriedigt aus Ernas Sofaecke.

Anne musste innerlich schmunzeln, Erna hatte sich eben wie Miss Marple angehört, deren glühende Verehrerin sie war.

»Genau. Der Polizeireporter, der neulich mal hier war und uns ausquetschen wollte, hat aber erzählt, dass es bisher völlig an Beweisen fehlt. Sie ist mit dem Zug gefahren, da der rote Flitzer an dem Tag in der Werkstatt war. Sie hätte die Strecke hin und zurück, bis die Freunde vom Fest wieder zurück waren, nur mit dem Auto geschafft. Außerdem fehlt die Tatwaffe, ein schwerer Gegenstand mit einem ausgeprägten Relief. Also könnte es auch ein überraschter Einbrecher gewesen sein.«

Erna dachte einen Moment nach. »Ich hatte aber auch das Gefühl, dass sie sich bei dir – eigentlich natürlich bei Walter – bedanken wollte.«

Anne überkam ein heftige Welle der Trauer. Für einen Moment wichen alle anderen Emotionen dem Gefühl des absoluten Verlusts.

»Komm, Anne, nimm noch einen Schluck.«

Erna verstand, dass Anne damit überfordert war, an so einem Tag wie heute auch noch ihre Miss-Marple-Neugier zu befriedigen. Wortlos schob sie ihr ein Foto über den Tisch zu. In Annes Gesicht deutete sich ein Lächeln an, als ihr Blick darauf fiel: das Abtanzball-Foto, das Erna von ihr gemacht hatte, bevor Walter sie etwas ungelenk darauf aufmerksam gemacht hatte, dass ihr rosafarbener Unterrock, auf den damals ihre Mutter bestanden hatte, mittlerweile eine Elle lang unter ihrem eleganten Taftkleid hervorguckte. Sie hatte damals wirklich nichts bemerkt und fragte sich, wie jedes Mal, wenn sie das Foto sah, wie lange Walter wohl gebraucht hatte, um die Kühnheit aufzubringen, ihr so laut, dass alle es hören konnten, ins Ohr zu flüstern: »Bei dir ist etwas rausgerutscht.« Das war die Geburt ihres ersten gemeinsamen geflügelten Wortes ...

Um drei Uhr morgens lagen die Fotos aus drei prall gefüllten Schuhkartons verstreut zwischen Plüschsofa und Ohrensessel.

»Lass uns mit den Fotos morgen weitermachen, Anne. Wir müssen auch noch die Sachen für den Notar zusammensuchen, bei dem wir in weniger als«, sie zählte die Stunden an ihren Fingern ab, »sieben Stunden einen Termin haben.«

»Erna, weißt du eigentlich, wie froh ich bin, dass du hier bist? Recht hast du, wir gehören ins Bett, aber schnell. – Oh Gott, Walter hatte so eine Unordnung in seinen Papieren, hoffentlich kriegen wir alles zusammen. Da fällt mir ein ... Erna, kannst du mir mal den Brief dahinten rüberreichen, der kam nämlich heute morgen schon vom Notar.«

Zerstreut riss sie den Umschlag auf und überflog die Zeilen. Dann öffnete sie mit zitternden Händen den zweiten versiegelten Umschlag, der herausgefallen war, und las. Erna sah, wie Anne das Blut aus dem Gesicht wich.

»Was ist denn, Anne? Komm, lies doch vor. Was Schlimmes?«

Anne ließ den Brief in ihren Schoß sinken. Erna nahm ihr beide Papiere behutsam aus der Hand und begann zu lesen:

»Sehr geehrte Frau de Vries,

auf Wunsch Ihres Mannes schicke ich Ihnen nach seinem Ableben, das ich zutiefst bedauere und zu dem ich Ihnen mein aufrichtiges Beileid aussprechen möchte, beiliegenden versiegelten Brief. Es war der ausgesprochene Wunsch Ihres Mannes, dass Sie ihn erst nach seinem Tod erhalten. Unser Vertrauensverhältnis, das sich im Laufe der vielen Jahre ...«

Erna las nicht weiter und nahm gleich Walters Brief in die Hand.

»Liebste Anneline,

Du sitzt wahrscheinlich jetzt mit Erna im Wohnzimmer. Gut, dass sie bei Dir ist, wie gerne wäre ich es auch. Aber Du kennst ja die Stelle, an der ich immer bei Dir bin ...

So, nun lehn Dich ruhig zurück, und versuche mich zu verstehen, auch wenn es Dir schwer fallen mag, aber ich weiß, Du hättest ebenso gehandelt, eigentlich warst Du ja immer diejenige, die mit der größeren Portion Civilcourage gehandelt hat.

An dem Tag, als Frau Leipelt weggefahren ist, habe ich sie morgens vor dem Haus getroffen. Ich habe meinen üblichen kleinen Spaziergang gemacht, bevor ich mich wieder ins Bett gelegt habe, ich hatte unerträgliche Schmerzen und spürte, dass ich Dich nicht mehr lange würde sehen können.

Frau Leipelt war tränenüberströmt, die Spuren von dem, was ihr Mann ihr nachts zugefügt hatte, waren erschreckend. Ich habe Dir davon nichts erzählt, weil ich wusste, Du hattest genügend Sorgen – meinetwegen. Ich habe sie überredet, wegzufahren, die Einladung ihrer Freunde anzunehmen, obwohl sie Todesangst hatte, was ihr Mann ihr dann antun würde. Ich habe ihr zugesichert, sie zu be-

schützen und wusste doch nicht wie. Ein sterbender Mann ... Ich dachte immer, sie könnte doch unsere Tochter sein, und niemand ist für sie da.

Abends, Du warst schon vor Erschöpfung eingeschlafen, hörte ich Herrn Leipelt nach Hause kommen. Er hatte getrunken, durchs Wohnzimmerfenster sah ich ihn durch den Vorgarten schwanken. Und ich dachte, ich müsste etwas tun, ihn zur Rede stellen, noch ein Mal Mut beweisen im Leben. Ich griff nach unserer Skulptur, bei seinem Jähzorn hatte ich doch Angst, unbewaffnet zu gehen ...«

Erna wusste sofort: Er meinte die »garantiert echt altrömische« Skulptur, die Anne ihm auf der Marokko-Reise vor zehn Jahren geschenkt hatte; sie blickte auf und sah erst jetzt, dass dort, wo sie immer gestanden hatte, im Regal ein leerer Fleck war.

»... und schlich leise aus dem Haus. Und dann ging alles ganz schnell. Ich überraschte ihn, während er versuchte, das Schlüsselloch zu finden und rief ihn an. Erschrocken drehte er sich um, mit weit aufgerissenen Augen, und noch während er mit der Faust ausholte schlug ich ihm – halb aus Notwehr, halb aus einem plötzlich aufwallenden ohnmächtigen Hass die Skulptur über seinen Schädel. Er brach sofort zusammen und fiel dann schwer die Treppe hinunter, ich hörte seinen Schädel auf der letzten Stufe aufprallen.

Ich wusste, ich hatte einen Menschen umgebracht. Ich wusste aber auch, ich hatte einen Menschen gerettet.

Anneline, sie hätte unsere Tochter sein können. Ich weiß, Du mochtest Frau Leipelt nicht besonders, aber vielleicht hätten wir auch nicht alles richtig gefunden, was unsere Tochter gemacht hätte, und wir hätten sie immer gerettet. Du sowieso.

Sei mir nicht fremd, ich liebe Dich und wenn es Dir leichter fällt, es zu verstehen, Notwehr war es in jedem Fall. Das andere ist unser Geheimnis, das ich natürlich nicht in die eidesstattliche Erklärung geschrieben habe, die an den Staatsanwalt geht. Und nur Du und vielleicht Erna wird wissen, dass ich nicht aus Feigheit gehandelt habe, wenn ich nicht wollte, dass in unseren letzten Tagen ständig die Polizei bei uns ein und aus geht. Der Schlüssel zum Tresor liegt beim Notar.

In Liebe
Dein Walter.«

Erna schaute fassungslos auf.

»Walter hat ... Und die Skulptur liegt jetzt im Tresor?«

Anne sagte nichts. Sie sah den Tag noch einmal wie in Zeitlupe an sich vorbeiziehen. Sie schaute durch das große, gardinenlose Wohnzimmerfenster in die Nacht. Es hatte aufgehört zu regnen. Das Nachbarhaus lag ruhig und dunkel da.

Langsam fühlte Anne sie kommen – und dann strömten ihr die Tränen nur so über die Wangen.

»Ich hatte einen wunderbaren Mann, Erna.«

Ein rätselvoller Zeitvertreib

Walter, Anne und Erna hatten in all den Jahren das auf ihren Wanderungen fortgeführt, was ihnen schon damals, beim Warten auf die Prüfung des Schuldirektors, die Zeit vertrieben hatte, und vielleicht würde es zu den wenigen Dingen gehören, die Anne auch ohne Walter noch Spaß machten. Erna jedenfalls fing schon am nächsten Tag wieder damit an, Annes Gehirn mit Rätseln zu beschäftigen:

I.

Das Erste rauscht heran,
bis es das Land erreicht.
Das Zweite schwimmt stets oben,
weil es flockig ist und leicht.
Das Dritte putzt das Kleid
der Frau und auch der Maid!
Wie wunderbar der Tabak schmeckt,
wenn man ihn in das Ganze steckt.

II.

Das Erste kennt der Brauer gut.
Auf der Zweiten steckte Geßlers Hut.
Wer gar zu dürr, hoch aufgereckt,
wird mit dem ganzen Wort geneckt.

III.

Eins gebraucht der Schustersmann.
Nicht jeder ist Zwei, der fliegen kann.
Wie sich das Ganze auch dreht und wendet,
zuletzt es immer im Unglück endet.

Lauter reizende Damen

Leichte Beute

Gabi Neumayer

Elvira Klappnitz, bis zu ihrem achtundsiebzigsten Geburtstag vor zwei Monaten noch »Matanera die Kühne«, tänzelte zum Wohnzimmerfenster und summte dabei ein orientalisches Lied. Sie blickte hinaus auf die gegenüberliegende graue Hauswand und lächelte. Grau gefiel ihr. Von Glitter, Glamour und schreienden Farben hatte sie genug für ein ganzes Leben gehabt.

Sie zog die Gardine zu, ging zum grau gestreiften Sofa und kuschelte sich neben Mieze. Die schwarze Katze stellte nur kurz ein Ohr auf, als Elvira den Fernseher einschaltete und die Lautstärke hochdrehte. In letzter Zeit hörte Elvira immer schlechter. Aber wenn man fast achtzig war und darüber hinaus im Ruhestand, gab es ohnehin kaum noch etwas, das sich zu hören lohnte. Mieze schnurrte, als Elvira sie hinter den Ohren zu kraulen begann. Mit der anderen Hand füllte sie ihr Whiskyglas nach und nahm drei kräftige Schlucke.

Der junge Mann, der sie aus dem Fernseher fixierte und eindringlich auf sie einredete, sah aus wie ein Versicherungsvertreter, der lieber Dressman geworden wäre, fand Elvira. Sie kicherte. Mieze klappte schläfrig ein Auge auf.

»Gerade ältere Menschen werden immer wieder Opfer skrupelloser Betrüger. Lassen Sie es nicht so weit kommen! Wir zeigen Ihnen heute wieder die schmutzigsten Tricks dieser schamlosen Verbrecher und wie Sie sich davor schützen können.«

Elvira leerte genüsslich ihr Glas. »Woher kennt dieser Jüngling denn schmitz... schmutzige Tricks, Mieze, was meinst du?« Die Katze rührte sich nicht. Elvira gab ihr einen Klaps. »So, du kannst dir das also auch nicht erklären, was?« Sie griff nach der Whiskyflasche. »Na, dann lassen wir uns mal überraschen. Es ist viel zu lange her, dass mir jemand schutz... schmutzige Tricks gezeigt hat.«

»... schamlosen Verbrecher und wie Sie sich davor schützen können.«

»Scheiße, das Bier ist schon wieder alle!« Freddy schleuderte die leere Flasche durchs Zimmer. Sie knallte gegen den überquellenden Mülleimer und kullerte unter die Spüle. »Muss mir endlich 'ne neue Mieze anschaffen, die sich um so was kümmert.«

Dennis zuckte zusammen und strich nervös über die lange Narbe an seinem Unterarm. Wenn Freddy in dieser Stimmung war, durfte man nichts tun, was ihn noch mehr reizen konnte. Kathrin, Freddys letzte »Mieze«, hatte das leider nicht mehr rechtzeitig gelernt. Freddy hatte ihr den Arm gebrochen und sie vor die Tür gesetzt. Aber Kathrin hatte nicht klein beigegeben: Sie hatte ihn angezeigt, und er war für vier Monate in den Bau gewandert. Kaum war Freddy zwei Wochen wieder draußen gewesen, war Kathrin beim Baden in einem Baggersee ertrunken – sie hätte nicht auch noch mit einem seiner Kumpel herumziehen dürfen. Und Dennis hatte ihm ein Alibi gegeben – nicht aus Freundschaft, davon konnte bei ihnen nun wirklich keine Rede sein! Der widerliche Kerl hatte gedroht, dass Dennis' kleiner Schwester sonst etwas Unangenehmes zustoßen würde ...

»Weiber!«, stieß Freddy hervor.

»Genau.« Dennis warf zur Bekräftigung seine leere Bierflasche ebenfalls Richtung Spüle.

»Bist du total verblödet, oder was?«, schrie Freddy. »Denkst du vielleicht, dass ich deinen verdammten Dreck wegmach', oder was?«

»Tut mir leid, Mann.« Dennis sprang auf, hob seine Flasche auf und stellte sie nach längerem Zögern neben den Mülleimer in eine Lache aus angetrocknetem Jogurt. Dann ließ er sich wieder in seinen Sessel fallen und hielt den Mund. Nur noch ein größeres Ding, dann konnte er sich endlich absetzen. Für immer. Und seine Schwester würde er mitnehmen. Freddy sollte niemals mehr auch nur in ihre Nähe kommen.

Schweigend verfolgten sie, wie der Typ in der Glotze erklärte, wie man alte Leute am besten übers Ohr haut.

»Mann, sind die blöd!«, sagte Dennis, als die Sendung vorbei war. Er konnte es kaum glauben.

Freddy schüttelte den Kopf. »Die Fernsehheinis erklären uns haarklein, wie wir's anstellen müssen. Ist das zu fassen?« Er grinste, stand auf und griff nach seiner Lederjacke. »Ziehen wir los und gehen ein paar alte Deppen neppen. – Hey, das war nicht schlecht, was?«

Dennis lachte pflichtschuldig.

»Da soll noch einer sagen, dass Glotzegucken nicht bilden tut«, fuhr Freddy fort. Dennis musste so laut lachen, dass Freddy sich in der Tür umdrehte und ihn misstrauisch ansah.

»Echt 'n guter Witz, Mann«, sagte Dennis schnell. Freddy grinste und schlug Dennis kräftig auf die Schulter.

Das Klingelgeräusch wurde immer lauter. Langsam tauchte Elvira aus ihrem whiskyverhangenen Halbschlaf auf und öffnete die Augen. Das Klingeln war immer noch da. Es kam von der Haustür.

Elvira räkelte sich und stellte den Fernseher aus. »Jetzt habe ich die schmutzigen Tricks doch einfach verschlafen, Mieze.« Die Katze leckte ihr die Hand. »Na, macht nichts – uns kann ja nichts passieren, stimmt's?« Es klingelte wieder.

»Komm, Mieze, ab ins Schlafzimmer mit dir«, flüsterte Elvira. »Wir wollen doch nicht riskieren, dass der Hausmeister dich sieht.« Gehorsam richtete Mieze sich auf, glitt lautlos vom Sofa hinunter und folgte Elvira ins Schlafzimmer. Elvira sah, wie sie auf das Bett sprang und sich wohlig ausstreckte. Dann schloss sie leise die Schlafzimmertür. Das Klingeln wurde ungeduldiger.

»Da ist niemand zu Hause, Mann«, flüsterte Dennis und trat von einem Fuß auf den anderen. Allmählich glaubte er nicht mehr, dass die Tricks aus der Glotze funktionierten. An acht Türen hatten sie schon

geklingelt, und überall hatten Familienväter oder Bodybuildertypen geöffnet. Nur einmal waren sie auf eine ältere Frau gestoßen, die offenbar allein war. Sie hatte ihnen die Tür vor der Nase zugeschlagen, bevor sie überhaupt etwas sagen konnten.

Freddy drückte wieder auf die Klingel. »Diesmal sind wir richtig, kannste mir glauben. Das dauert nur so lange, weil die Tussi ...«, er warf einen Blick auf das Türschild, »... weil diese Klappnitz so tatterig und schwerhörig ist, dass ...« In diesem Moment ging die Tür auf. Alt war die Frau, so weit hatte Freddy recht. Aber sie war alles andere als tatterig.

»Ja, bitte?«

Freddy stieß Dennis in die Seite. Sie hatten ausgemacht, dass Dennis das Reden übernehmen sollte, weil er das »mit dem Reden und so« besser draufhatte, wie Freddy meinte.

»Guten Abend, Frau Klappnitz. Entschuldigen Sie bitte, dass wir Sie stören.«

»Aber das macht doch nichts, mein Lieber. Solange Sie nicht der Hausmeister sind ...«

Freddy lachte laut und stieß Dennis an.

»Haha, nein, das sind wir bestimmt nicht«, sagte Dennis. »Wir haben unten vor dem Haus eine Reifenpanne gehabt, und jetzt wollten wir Sie fragen, ob wir von Ihrem Telefon aus vielleicht eine Werkstatt anrufen können. Wir haben nämlich leider keinen Ersatzreifen dabei.«

Dennis hielt den Atem an. Die alte Frau warf kurz einen Blick hinter sich, dann öffnete sie die Tür ganz. »Na, dann kommen Sie mal rein.«

»Jetzt mach schon!«, zischte Freddy. Einen Augenblick später waren sie in der Wohnung.

Die Wohnung war klein und gemütlich eingerichtet, wenn auch etwas farblos für Dennis' Geschmack, alles grau in grau. Wahrscheinlich war das Leben der alten Frau auch so grau und langweilig. Sie tat ihm fast ein bisschen leid.

Sein Blick blieb an einer Whiskyflasche hängen; daneben stand ein halbleeres Glas. Dennis nahm das als gutes Zeichen: Wenn die Frau angesäuselt war, würde sie bestimmt keinen Ärger machen. Und dann hätte Freddy auch keinen Grund, ihr etwas anzutun.

»Das Telefon steht hier drüben.«

Dennis stellte sich so hin, dass die alte Frau das Telefon nicht sehen konnte, und wählte irgendeine Nummer. Sie hatten im Auto geübt, was er sagen sollte, und Dennis fand, dass er es gut hinbekam. »Okay, Sie sind dann also in zehn Minuten hier«, sagte er zum Schluss. Er wandte sich der Frau zu, die sich an einer Glasvitrine zu schaffen machte.

»Vielen Dank, Frau Klappnitz. Der Pannendienst wird in zehn Minuten hier sein. Wir haben Sie lange genug gestört.«

Freddy warf ihm einen Blick zu, der Dennis einen Schauer über den Rücken jagte. Er strich kurz über seinen vernarbten Unterarm und wandte sich schnell wieder der Frau zu. Sie hatten es zwar anders besprochen, aber er war sicher, dass er es genau richtig anfing. Und tatsächlich nahm die Frau zwei große, eckige Gläser aus der Vitrine, goss Whisky hinein und reichte sie ihnen. »Warten Sie doch hier. Ich freu' mich über nette Gesellschaft!«

Freddy stürzte seinen Whisky sofort hinunter. Dennis nippte nur an seinem Glas und lächelte die Frau entschuldigend an. Freddy war ein solcher Proll. Konnte er sich nicht ein bisschen zusammenreißen?

Freddy knallte sein Glas auf den Couchtisch. »Wären Sie wohl so nett, dass ich mal eben Ihr Klo benutzen kann?«

Dennis holte tief Luft. Jetzt wurde es ernst.

Elvira hatte es sich wieder auf dem Sofa bequem gemacht. Der nette junge Mann stand mit seinem Glas in der Hand vor ihrer Fotowand. Es machte Spaß, wieder einmal in Gesellschaft zu trinken! Der andere Mann, der mit den schlechten Manieren, war glücklicherweise schon vor einer Weile auf der Toilette verschwunden. Elvira war das nur recht.

Dennis sah zwischen den Fotos und Elvira hin und her. »Frau Klappnitz, kann es sein – das sind doch Sie hier auf den Fotos, oder?«

Elvira fühlte sich geschmeichelt. Dass er sie auf den alten Aufnahmen überhaupt erkannte! Sie nickte.

»Matanera die Kühne«, las er. »Und in diesem gefährlichen Job haben Sie wirklich gearbeitet? Sie müssen eine sehr mutige Frau sein.«

»Sie meinen, wegen meines Berufs? Oder weil ich zwei fremde Männer in meine Wohnung gelassen habe?«, fragte Elvira und zwinkerte ihm zu.

Der Mann sah einen Moment lang etwas verlegen aus, bevor er rasch wieder lächelte.

Elvira stellte ihr Glas ab und war mit einem Schlag nüchtern. Nur weil sie nicht gern allein trank, musste sie doch noch lange keine wildfremden Männer in ihre Wohnung lassen. Der Versicherungs-Dressman aus der Fernsehsendung wäre über ihren Leichtsinn entsetzt gewesen.

Sie warf einen kurzen Blick in den Flur. Von dem anderen Mann war immer noch nichts zu sehen. Was machte er eigentlich so lange auf der Toilette?

»Geht es Ihnen nicht gut?« Elvira zuckte zusammen, als der junge Mann sie an der Schulter berührte und damit aus ihren Gedanken riss.

»Mit mir ist alles in Ordnung«, sagte sie.

Der Mann setzte sich in Miezes Lieblingssessel. »Erzählen Sie mir doch ein bisschen mehr über Ihre Arbeit im Zirkus. Ist Ihnen nie etwas passiert mit all den Löwen und Panthern?«

Elvira entspannte sich. »Ganz im Gegenteil. Es war vielmehr so, dass meine Tiere mich immer beschützt haben. Niemand vergreift sich so schnell an einer Dompteuse, das können Sie mir glauben.«

Dennis strich gedankenverloren über seinen Unterarm. Wo blieb Freddy eigentlich? Wenn diese Frau Wertsachen im Haus hatte, dann musste er sie inzwischen doch längst gefunden haben.

»Das glaube ich gern«, sagte er. »Sie müssen Ihre Katzen sehr vermissen.«

Elvira schmunzelte.

»Scheiße!!«

Dennis zuckte zusammen. Freddy? Was sollte das? Was war hier los?

»Dennis! Denni...«

»Was haben Sie denn?« Elvira musterte ihn aufmerksam. Dennis war aufgesprungen.

»Haben Sie nichts gehört?« Freddy hatte weiß Gott laut genug geschrien.

Sie deutete entschuldigend auf ihr linkes Ohr. »Ich höre in den letzten Jahren immer schlechter. Das Alter ...«

Wieder ein schriller Schrei; dann war es plötzlich still, unheimlich still. Dennis lauschte – und ihm wurde auf einmal klar, dass er nicht aufstehen würde, um nach Freddy zu sehen.

»Wo waren wir?«, fragte Elvira. »Ach ja, Sie wollten wissen, ob ich meine Katzen vermisse. Es ist nicht so schlimm, wissen Sie. Meinen letzten schwarzen Panther habe ich behalten.« Sie beugte sich verschwörerisch vor. »Deshalb bin ich auch so auf der Hut vor dem Hausmeister – wenn er Mieze entdeckt, komme ich in Teufels Küche.«

Alarmiert blickte Dennis sich um, aber Elvira beruhigte ihn: »Keine Angst, Mieze ist im Schlafzimmer und bewacht mein Bett.« Sie kicherte. »Damit es auch keiner stiehlt.«

Dennis starrte sie entsetzt an. Dann machte sich ein Grinsen in seinem Gesicht breit. Da war der fiese Freddy am Ende also doch noch von einer Mieze reingelegt worden!

Elvira hob ihr Glas, und sie prosteten sich zu.

Aus drei mach zwei

Etwas ungemütlicher wurde es für Dennis erst, als Elvira Klappnitz anfing, ihn in ihren Lieblingszeitvertreib »Aus drei mach zwei« einzuführen. Er verstand gar nichts mehr.

Durch Hinzufügen des mittleren Wortes ergeben sich zwei neue, eigenständige Wörter.

Beispiel:
Ochsen...?...Schenkel
Ochsen Frosch Schenkel
Lösung: Ochsenfrosch, Froschschenkel

I. Kleider...?...Eisen

II. Katzen...?...Tal

III. Stein...?...Baum

IV. Stein...?...Geist

V. Holz...?...Schnalle

VI. Schwalben...?...Flosse

VII. Wetter...?...Bach

VIII. Stock...?...Messer

IX. Tisch...?...Ballen

X. Vater...?...Wirt

XI. Haus...?...Markt

XII. Markt...?...Bein

XIII. Frage...?...Spiel

XIV. Baum...?...Wasser

XV. Fenster...?...Zug

Die Fremde im Zug

GABRIELE KEISER

Der Zug setzte sich ruckelnd in Bewegung. Die ältere Dame kam langsam näher, bis sie vor mir stehen blieb und mich mit wasserblauen Augen herausfordernd ansah.

»Ist hier noch frei?« Sie lächelte fein und, ohne auf mein Nicken zu achten, hängte sie ihren Mantel an den Haken und setzte sich mir gegenüber. Ich war ein wenig verwundert, denn in dem Großraumabteil war noch reichlich Platz. Offensichtlich suchte sie eine willige Gesprächspartnerin. Das war mir schon oft bei meinen Zugfahrten passiert, und jedes Mal waren mir diese typischen Eisenbahngespräche banal und langweilig erschienen.

»Reisen Sie auch so gerne im Zug?«, fragte sie, nachdem sie sich gesetzt und ihren Rock glatt gestrichen hatte. Über ihr Gesicht huschte wieder dieses angedeutete Lächeln, das nicht ganz ihre hellen Augen erreichte. Sie trug ein artiges zartgelbes Kaschmir-Twinset, um den faltigen Hals eine teuer aussehende Perlenkette. Sie wirkte unaufdringlich elegant und sah aus wie alle älteren Damen, die es in meiner Gegenwart drängte, gleich mit ihrer ganzen Lebensgeschichte herauszuplatzen. Aber ich hatte einfach keine Lust, mich zu unterhalten.

»Darf ich fragen, was Sie da lesen?«, bemerkte sie mit Blick auf meine Lektüre, die ich aufgeschlagen in der Hand hielt.

»*Die Kreutzersonate*«, antwortete ich höflich und ließ das Büchlein in den Schoß sinken.

»Tolstoi«, bemerkte sie. »Eine schöne Ausgabe. Kann ich mal sehen?«

Ich gab ihr das abgestoßene Bändchen, eine Ausgabe aus den dreißiger Jahren, die noch von meinem Vater stammte. Sie roch kurz daran, blätterte und schlug dann die Stelle auf, wo mein Vater seinen Namen mit seinem charakteristischen Schriftzug verewigt hatte. Sie nickte kurz und betrachtete das Büchlein mit sichtlichem Gefallen.

»Bücher haben so etwas Sinnliches. Besonders die älteren Werke. Ich habe mir zur Gewohnheit gemacht, kleine Partien auswendig zu lernen. Das hilft gegen das Vergessen. Die *Kreutzersonate* kenne ich ganz gut. Da steht viel Kluges drin, finden Sie nicht?«

»Ich bin noch nicht sehr weit gekommen.« Wie konnte ich ihr nur zu verstehen geben, ohne unhöflich zu sein, dass ich die Welt des Buches ihrer Gesellschaft vorzog?

»Sie würden lieber lesen«, konstatierte sie. »Tun Sie das. Wir sind ja noch eine Weile beisammen. Sie werden merken, dass sich die Welt seit Tolstoi nicht grundlegend verändert hat, obwohl diese Geschichte schon hundert Jahre alt ist. Wenn Sie an die Stelle gekommen sind, wo es heißt: *Es ist erstaunlich, wie vollkommen die Illusion ist, dass das Schöne auch gut sein müsse*, möchten Sie vielleicht eine Pause einlegen. Wenn Sie erlauben, erzähle ich Ihnen dann eine Geschichte, die wirklich passiert ist.«

Wenigstens ließ sie mich vorerst in Ruhe. Sie lehnte sich in ihrem Sessel zurück und schloss die Augen. Die Hände hatte sie in ihrem Schoß gefaltet, und ich sah die Adern darauf hervortreten. An den Händen erkennt man das Alter der Menschen, hatte mein Vater immer gesagt. Als Arzt hatte er die Fähigkeit besessen, die meisten Menschen aufs Jahr genau zu schätzen, eine Fähigkeit, die er mir leider nicht weitervererbt hatte. Er selbst ist nicht sehr alt geworden. Eine heimtückische Krankheit hat ihn einen frühen, rätselhaften Tod sterben lassen, über den meine Mutter mich nie vollständig aufgeklärt hat. Ich war damals noch klein.

Nun befand ich mich auf dem Weg zu meiner Mutter, die seit kurzem in einem Altersheim lebte. Die Dame mir gegenüber hätte ungefähr im gleichen Alter wie meine Mutter sein können, vielleicht auch ein wenig jünger. Aber wieso machte ich mir eigentlich Gedanken um das Alter anderer Leute? Ich versuchte, mich wieder auf mein Buch zu konzentrieren, auf diese Geschichte, die in einem Zugabteil spielte.

Meine Augen glitten über die Zeilen, doch was ich las, drang nicht bis in mein Bewusstsein vor. Dort beschäftigte mich meine Abteilnachbarin, die ich noch nie zuvor gesehen, und die auf eine merkwürdige Weise mein Interesse geweckt hatte. Was sie mir wohl für eine Geschichte erzählen wollte? Ich hob den Kopf und sah aus dem Fenster. Die Landschaft flog vorbei wie ein Film, bei dem die Schärfe ausgeblendet war. Bäume, Sträucher, Wiesen, Häuser, alles reihte sich zu einem einzigen verschwommenen Band aneinander.

Ich sah wieder auf mein Buch, und diesmal gelang es mir tatsächlich, ein paar Seiten zu lesen. Meine Aufmerksamkeit galt wieder ganz dieser fremden, fantastischen Welt, die ein Schriftsteller vor hundert Jahren entworfen und auf Papier gebannt hatte.

»Wie lebt man mit einem Menschen, wenn keine Liebe mehr da ist?« Ich glaubte, mich verhört zu haben. Es waren die Worte, die gerade von meinem Blick festgehalten wurden. Genau diese Worte hatte die alte Dame ausgesprochen. Sie hatte keine typische Altfrauenstimme, fiel mir dabei auf. Hätte ich sie am Telefon gehört, ich hätte sie wahrscheinlich für eine wesentlich jüngere Frau gehalten.

»Haben Sie das gerade gelesen? Nun, dann sind Sie noch lange nicht an der besagten Stelle.« Sie verband die Worte zu einer eigentümlichen Melodie, der eine Spur Erotik beigemischt war. Dabei behielt sie ihre entspannte Sitzposition. Ihre Lider hatte sie nur halb geschlossen.

Mein Blick wanderte wieder zur Fensterscheibe und traf dabei auf ein anderes Augenpaar, das mich zu fixieren schien. Irritiert sah ich weg, doch kurz darauf näherten sich meine Augen vorsichtig diesem unverändert gebliebenem Blick. Ich wollte mich vergewissern, ob dieser fremde Mann, der etwas weiter weg saß, tatsächlich mich im Visier hatte, denn er starrte weiterhin auf die gleiche Stelle. Aber jetzt bemerkte ich, dass es nur den Anschein hatte, als ob er mir direkt in die Augen sähe, denn in der Glasscheibe begegnete ich lediglich seinem Spiegelbild. In Wirklichkeit sah er in eine völlig andere Richtung, er konnte unmöglich in meine Augen gesehen haben.

»Sie lesen gar nicht mehr«, sagte die alte Dame nach einer Weile und

richtete sich auf. »Und ich habe genug geruht.« Sie nahm eine Zigarette aus einem Silberetui. »Mögen Sie auch eine?« Ich schüttelte dankend den Kopf. Als sie ihren Mund spitzte, um den Rauch auszublasen, wurde ein Faltenkranz um ihre Lippen sichtbar.

»Wie würden Sie mich einschätzen?«, fragte sie unvermittelt und sah mich mit ihrem durchdringenden Blick an, der in meinen Augen hängen blieb. »Nun?«

»Tja, was soll ich sagen«, erwiderte ich und fühlte mich urplötzlich in eine Situation gedrängt, die mir überhaupt nicht behagte. Trotzdem antwortete ich. »Sie sind eine elegante Frau, offensichtlich nicht unvermögend. Gebildet.«

Sie lächelte. »Weiter.«

»Mehr kann ich nicht sagen.« Ich zuckte mit den Achseln. Mehr wollte ich auch nicht sagen.

»Wenn ich Ihnen erzähle, dass ich mein Geld mit Prostitution verdient habe, dann werden Sie mir das sicher nicht glauben?«

Ich brach in schallendes Gelächter aus. »Oh nein, so sehen Sie weiß Gott nicht aus.«

»Da können Sie sehen, wie der Schein trügt. Sie müssen noch viel lernen, Kindchen.«

»Sie wollen doch nicht behaupten, dass Sie wirklich ...?«

»Aber ja doch. Ich hab' mein Geld mit den Männern verdient. Es war leicht verdientes Geld. Meine Arbeit hat mir Spaß gemacht, wirklich. Männer sind so leicht zu durchschauen, wie Kinder. Redet man ihnen ein wenig nach dem Mund und geht auf ihre Wünsche ein, fühlen sie sich wie die Könige und sind gerne bereit, noch einen Hunderter draufzulegen.« Sie lächelte, und plötzlich bemerkte ich eine Spur Bösartigkeit in diesem Lächeln. »Wissen Sie, dass man sehr gute Karten hat, wenn man von seinem Gegner unterschätzt wird?«

»Doch, das könnte ich mir vorstellen«, gab ich zu.

»Glauben Sie den Worten einer alten Frau«, sagte sie. «Und Ihr Tolstoi da, der sagt eine Menge richtiger Dinge. Doch leider auch viel Dummes. Besonders über das Wesen der Frau. Das Nachwort können Sie sich auch sparen.« Sie seufzte. »Aber ich will Ihnen den Lesespaß nicht verderben.«

Der Zug verlangsamte sein Tempo. Wir fuhren in einen Bahnhof ein.

Eine verzerrte Lautsprecherstimme gab undeutlich an, wo wir uns gerade befanden. Es interessierte mich nicht sonderlich, denn ich war noch lange nicht am Ziel.

»Es gab einen Mann in meinem Leben, den ich über alles geliebt habe«, sagte sie leise, so dass ich Mühe hatte, sie zu verstehen. »Ich habe ihn getötet.«

»Was haben Sie?«, fragte ich eine Spur zu laut.

»Ja, Sie haben schon recht gehört. Ich habe ihn getötet. Nicht aus niederen Gründen. Gott bewahre. Das Töten war der Ausdruck meiner absoluten Liebe. Nun sind Sie doch neugierig geworden, wie ich sehe.« Sie zwinkerte leicht mit den Augen. »Auch dies hätten Sie mir nicht zugetraut. Richtig?«

Ich nickte verwirrt. Sämtliche Menschenkenntnis schien mir abhanden gekommen zu sein. Sollte diese harmlos wirkende Frau mir gegenüber etwa wirklich eine Prostituierte und Mörderin sein? Das konnte ich einfach nicht glauben.

»Manchmal schreibt eben doch das Leben die interessanteren Geschichten. Ich will Ihnen erzählen, wie es war. – Er war verheiratet. Ich habe ihn durch meinen Beruf kennengelernt. Er war ein schöner, stattlicher Mann, sehr einfühlsam, gebildet. Er mochte die russischen Autoren, besonders Tolstoi.« Sie lächelte mit Blick auf mein Buch, das ich nun zugeklappt auf den freien Sitz neben mir gelegt hatte.

»Ich habe in dieser Hinsicht viel von ihm gelernt. Seine Ehe war nicht besonders glücklich. Gut, das sagen alle, die zu einer Frau wie mir kommen, aber die seine war es wirklich nicht. Er war krank – sterbenskrank. Und seine Frau kümmerte das wenig. Ich selbst kann keinen Menschen leiden sehen, schon gar nicht, wenn er mir nahe steht. Er bat mich dann darum, ihn zu töten. Er wusste, dass er nie wieder gesund werden würde. Und er wollte einen würdigen Tod.« Sie hielt einen Moment inne, zündete sich eine zweite Zigarette an. Ich hing ihr gespannt an den Lippen.

»Wenn ein solcher Wunsch an einen herangetragen wird, ist man zunächst erschrocken, das ging mir nicht anders. Aber dann nimmt einen dieser Gedanke immer mehr in Besitz. Ich zweifelte lange daran, ob ich das wirklich könnte: einen Menschen töten. Zumal er ja über kurz oder lang sowieso sterben würde. Aber das war es ja: Sein Tod sollte ein würdiger Tod sein. Schließlich gelang es mir, meine inneren Widerstände zu überwinden und mein Gewissen außer Kraft zu setzen. Das, was ich vorhatte, konnte ich nun mit ganzem Herzen bejahen.« Sie lächelte wieder dieses feine Lächeln. »Es war nicht schwer. Wir zelebrierten seinen Tod. Wir mieteten uns in ein teures Hotel ein. Und einen Moment lang habe ich sogar darüber nachgedacht, mit ihm zusammen zu sterben. Aber ich hing zu sehr am Leben. Und es wäre auch nicht in seinem Sinne gewesen.« Sie blies den Rauch aus. »Er hatte alles vorbereitet. Ich setzte ihm die Spritze, und er schlief friedlich ein, so wie er es sich gewünscht hatte.«

»Und niemand hat Verdacht geschöpft?«, fragte ich verwundert.

Sie schüttelte den Kopf. »Nein. Jeder wusste, wie krank er war. Man sah es ihm an. Und er war bereits an das Morphium gewöhnt. Wir mussten nur eine höhere Dosis nehmen. Als Mediziner hatte er das genau ausgerechnet. Und ...« Ihr Blick ruhte ernst auf meinem Gesicht. »Aus seinem Berufsleben kannte er das schreckliche Endstadium seiner Krankheit.« Ihre Stimme klang mit einem Mal erschöpft, nun ähnelte die Tonlage doch der einer alten Frau. Sie lehnte sich wieder in ihrem Sitz zurück.

Weshalb hatte sie ausgerechnet mir diese Geschichte erzählt? Ein verrückter Gedanke schwirrte mir im Kopf herum. Als ich sie kurze Zeit später danach fragen wollte, sah ich, dass sie eingeschlafen war. Über ihrem Gesicht lag Frieden. Sie war offensichtlich mit sich im Reinen. Was sie getan hatte, konnte sie vor sich verantworten. Und jemand anders fragte nicht danach.

Ich nahm mein Buch und wandte mich wieder der Lektüre zu. Da schlug meine Nachbarin kurz die Augen auf und sagte leise: »Sie sehen ihm übrigens sehr ähnlich.«

Komponisten und Schriftsteller gesucht

Auf dem Tischchen neben dem Fenster hatte die Dame ein Zettelchen vergessen. Sie schien etwas zu tun für ihre geistige Regsamkeit, für das Sich-erinnern-Können und für das Nicht-Vergessen.

Beispiel: CABH
Lösung: BACH

KOMPONIST GESUCHT

I.

1. REIGG
2. ZORTAM
3. RINGLOTZ
4. BEITZ

SCHRIFTSTELLER GESUCHT

II.

A. INSGELS
B. HERBCT
C. SGSAR
D. TEHGEO
E. INEHE

Endstation Terminal 1

Jürgen und Marita Alberts

Der Flughafenbus war auf die Minute pünktlich. Wie immer. Heidelore Kahrs stieg als erste ein. Sie bezog ihren Aussichtspunkt in der Sitzreihe gleich hinter dem Kofferplatz, nachdem sie den grauen Samsonite behutsam abgestellt hatte. Von hier aus konnte sie alle Passagiere ins Visier nehmen. Sie musste sich rasch einen Überblick verschaffen.

»Hin oder Hin-und-Zurück?« fragte der Fahrer, der die metallene Ticketmaschine vor seinem Bauch trug, als spiele er in einem Musikcorps. Heidelore Kahrs konnte sich ihn gut als Paukist vorstellen. Dazu müsste er allerdings die passende Uniform haben.

»Nur einfach, bitte!«, sagte sie leise. Die acht Mark hielt sie abgezählt in der Hand.

Mit ihren zweiundachtzig Jahren war sie mal wieder die Bus-Älteste, was ihr eine gewisse Genugtuung verschaffte. Wie nervös diese jungen Menschen immer waren. Manche hielten krampfhaft ihre Handtasche unter den Arm geklemmt, andere starrten angespannt geradeaus oder schauten ständig auf die Uhr. Einige gingen zum Fahrer, um sich genau erklären zu lassen, bei welchem Terminal sie aussteigen mussten. Linienflüge in Deutschland und Europa: Terminal 1, Linienflüge außerhalb

Europas: Terminal 2, Charterflüge: Terminal 3. Eigentlich ganz übersichtlich. Heidelore Kahrs stieg immer am Terminal 1 aus.

Sie schaute sich die Fluggäste an und genoss die Tatsache, dass Passagiere aus vielen Nationen mit ihr im Bus saßen.

Ihrer Tochter hatte sie gesagt, dass sie am Nachmittag zum Kaffee kommen würde. Hoffentlich gab es diesen wunderbaren Käsekuchen mit Pfirsichstückchen und Schmand. Den mochte sie am liebsten. Heidelore Kahrs wusste nur noch nicht, welches Kleid sie für ihren Besuch anziehen sollte. Aber es würde sich bestimmt etwas finden.

Der Flughafenbus stoppte vor einer roten Ampel. Über Lautsprecher kam die Ansage, an welchem Terminal welche Flüge starteten. In vier Sprachen. Das ist neu, dachte Heidelore Kahrs. Auf Japanisch gefiel ihr die Ansage am besten, nicht nur, weil sie von einer ungewöhnlich piepsigen Stimme gesprochen wurde.

»Und wo fliegen Sie hin, gnädige Frau?«, fragte der Mann, der in der Sitzreihe neben ihr Platz genommen hatte, und rückte sein Toupet zurecht.

»Brüssel«, antwortete Heidelore Kahrs, »meine Familie verlangt mal wieder ihr Recht.«

»Ich finde es toll, dass Sie als ... als ... Oh, entschuldigen Sie bitte –« Der Mann unterbrach sich. Sein glattrasierter Schädel lief rosarot an.

»Dass so eine alte Schachtel wie ich noch fliege, das wollten Sie doch sagen, oder?«

Der Mann grinste wie ein Schimpanse, der gerade eine Banane entdeckt hatte.

»Ja, die Kinder, immer wollen sie besucht werden«, stöhnte er, »als hätten wir so viel Zeit übrig.«

»Ich fliege ausgesprochen gerne«, gab Heidelore Kahrs von sich. Sie wandte den Kopf nach vorne und betrachtete eingehend die Koffer. Seitdem die Metallic-Varianten aus der Mode gekommen waren – nur ein einziges verbeultes, silberfarbenes Exemplar stand in der Reihe – war das Fluggepäck wieder bunter geworden. Sogar ein quittengelber Koffer war dabei, wahrscheinlich aus Kalifornien. Ein bisschen sehr auffällig. Zwar liebte Heidelore Kahrs alle Kofferfarben, doch für sie kam nur Grau in Frage.

»Können Sie nicht schneller fahren«, rief jemand hinter ihr, »ich verpasse noch meinen Flieger nach London.« Der Mann war aufgesprungen, doch der Fahrer reagierte nicht. Stattdessen entgegnete ein anderer Passagier: »Dann fliegen Sie doch nach Paris, die Maschine geht eine halbe Stunde später.«

»Sehr komisch!«, empörte sich die Frau neben dem Herrn mit der dicken Hornbrille. Er hatte sich wieder hingesetzt, kaute an einer Entgegnung, brachte aber nichts hervor.

Heidelore Kahrs hatte sich umgedreht und verfolgte die Szene mit großem Interesse. Leider schied dieses Ehepaar aus, so sehr sie auch einen kleinen Schock verdient hätten. Es kamen stets nur die Fahrgäste aus den ersten Reihen in Betracht.

Wieder musste der Bus stoppen, weil aus einer Seitenstraße ein BMW angebraust kam und ihm rasant die Vorfahrt nahm.

»Nicht mein Tag«, fluchte der Busfahrer vernehmlich.

Aber meiner, dachte Heidelore Kahrs.

Am Terminal 1 erhob sie sich, wartete, bis die anderen Fluggäste ausgestiegen waren, nahm einen grauen Samsonite-Koffer und verließ den Bus. Er fuhr sofort weiter. Der Koffer war schwerer als erwartet. Wenigstens hatte er einen ausklappbaren Griff, an dem sie ihn mit einiger Anstrengung hinter sich herziehen konnte.

Heidelore Kahrs begab sich zum Taxenplatz.

»Wilhelmstraße, bitte«, sagte sie zum Taxifahrer, der ihr half, das schwere Gepäckstück in den Kofferraum zu wuchten.

»Sie müssen ja noch über enorme Kräfte verfügen«, staunte er und besah sich seine rot angelaufenen Hände.

»Tja, ich finde immer nette, junge Männer, die mir den Koffer tragen.«

Sie nannte noch mal ihre Adresse und ließ sich dann auf dem Rücksitz nieder. Langsam wurde sie aufgeregt. Nun begann die Zeit der Erwartung, der Vorfreude, sie hoffte auf wunderbare Entdeckungen.

»Wie war der Flug?« fragte der Taxifahrer gelangweilt.

»Wie immer, nichts Besonderes.«

»Und wo kommen Sie her?«

»Brüssel«, erwiderte Heidelore Kahrs, »die Familie ...«

Sie mochte es gar nicht, wenn sie durch dümmliche Fragen aus ihrer Stimmung gerissen wurde.

»Geht die Wilhelmstraße von der Bismarckstraße oder von der Friedrichstraße ab?«

»Sie sind doch der Taxifahrer, oder?«, entgegnete Heidelore Kahrs. So ein direkter Angang half immer. Dann waren die jungen Kerle beleidigt, und sie hatte endlich ihre Ruhe.

Sie schloss die Augen und träumte vor sich hin. Der Fischzug hatte mal wieder geklappt.

Wahrscheinlich gehörte der Koffer einer Amerikanerin. In der Kürze der Zeit hatte sie nicht mal auf den Adressaufkleber schauen können. Hoffentlich stammte er nicht von einer dieser Billigreisenden. Was die in ihren Koffern an Plunder mit sich führten. Lächerliche Taschenradios, Nintendo-Spiele, Comic-Heftchen. Nur die Badehosen waren manchmal ganz lustig.

Über Funk ließ sich der Taxifahrer in die Wilhelmstraße dirigieren. Immerhin war er so freundlich, ihr den Koffer in die zweite Etage zu tragen. Das hätte sie auf keinen Fall geschafft. Sie gab ein gutes Trinkgeld.

Sobald sie die Wohnungstür hinter sich geschlossen hatte, las sie das Namensschild: *Carol F. Snyder, Actress, Sydney, Australia.*

»Treffer«, sagte Heidelore Kahrs triumphierend. Schon ein paar Mal war es ihr passiert, dass sie in der gebotenen Eile den Koffer eines Mannes gegriffen hatte. Aber auch die enthielten ja sagenhafte Schätze. Parfüms in wunderbaren Duftnoten, gestärkte Hemden, die ihr als Weihnachtsgeschenke für die beiden Söhne willkommen waren. Manche hatten ihre Notizbücher im Koffer. Aufregend, wie viele Termine diese Männer hatten und in welchen Ländern. Bücher fand sie seltener. Am liebsten betrachtete sie die altmodischen Nachthemden. Was da zusammenkam, nicht auszudenken. Man müsste mal eine Ausstellung im Museum für Völkerkunde machen. Männer-Nachtkleider aus aller Welt. Sie hätte ein paar herrliche Exemplare beisteuern können. Die Pornohefte blätterte sie schnell durch und schob sie nach Mitternacht dem Single, der im obersten Stock lebte, durch den Briefschlitz.

Mit einer Nagelfeile öffnete sie ohne Probleme die beiden Kofferschlösser. Bisher hatte ihr noch kein Schloss widerstanden. Die meisten Koffer waren aber gar nicht abgeschlossen. Obwohl die Fluggesellschaften das den Passagieren doch immer empfahlen.

»Modenschau«, säuselte Heidelore Kahrs und holte ein bodenlanges blaues Seidenkleid mit feiner grüner Stickerei in einem asiatischen Design heraus. Sehr elegant, hervorragende Qualität. Sie ging ins Schlafzimmer, hielt sich das Kleid vor den schmächtigen Körper und besah sich im Spiegel. Ihr würde es nicht passen, aber es war ein wunderbares Geschenk für ihre Tochter. Jedoch nur, wenn sie ihren Lieblingskuchen servierte. Ein paar Prinzipien musste es ja geben.

Nach und nach probierte sie Dessous, T-Shirts, italienische Pumps, elegante Blusen und träumte sich dabei in die Rolle einer Schauspielerin hinein.

Im Koffer der Australierin fand sie außerdem zwei gesteppte Lederjacken, eine in Schwarz, die andere in Rot, die ihr beide sehr gut standen. Warum sollte man in ihrem Alter nicht auch mal eine Lederjacke tragen? Die englischen Bücher stellte sie ins Regal. Zur späteren Lektüre.

Mit spitzen Fingern zog Heidelore Kahrs ein schmales Gerät hervor.

Schwarzes Plastik. Als sie die beiden Seiten auseinanderklappte, begann es zu blinken. Ein grünliches Lämpchen, gleich neben einer Tastatur. Heidelore Kahrs beschloss, das Gerät in den Müllschlucker zu werfen. Nein, das wäre zu gefährlich. Sie musste es irgendwo hinbringen, wo kein Bezug zu ihr und ihrer Wohnung hergestellt werden konnte.

Als sie zum ersten Mal von der verbotenen Frucht gekostet hatte, war sie äußerst nervös gewesen. Das Spiel mit fremden Kleidern, privaten Gegenständen, verborgenen Intimitäten hatte sie sehr erregt. Stundenlang hatte sie ihren ersten Koffer ausgepackt, jedes Teil genau unter die Lupe genommen und sich Geschichten ausgedacht. Was machte dieser Argentinier mit einer leeren Urne, auf der zwei Buchstaben eingraviert waren? Ihre Leidenschaft, in fremde Welten einzudringen, war nicht ganz ungefährlich.

Auch wenn der eigentliche Koffertausch ein Kinderspiel war. Heidelore Kahrs musste sich immer nur merken, welche Passagiere in den Sitzreihen vor ihr einstiegen und welchen Koffer sie im Zwischenraum beim Seiteneinstieg abgestellt hatten. Auf diese Gedächtnisleistung konnte sie sich etwas einbilden. Sie musste warten, bis die Fluggäste am Terminal 1 vor ihr ausgestiegen waren, und schnell registrieren, welche Beutestücke für sie übrig blieben.

Das Telefon klingelte.

Es war ihre Tochter. Ob es bei dem Besuch am Nachmittag bliebe. Ihre Frage klang so, als sei es ihr lieber, der Kaffeeklatsch würde heute ausfallen.

»Aber Gerlinde, habe ich je eine Verabredung abgesagt?«, fragte Heidelore Kahrs. »Außerdem habe ich ein traumhaftes Geschenk für dich.«

»Dann komm gegen fünf. Ich bin vorher noch beschäftigt.«

»Ich werde pünktlich sein«, erwiderte sie. Heidelore Kahrs liebte Pünktlichkeit. Auch wenn das Treffen soeben um zwei Stunden verschoben worden war.

Bevor sie sich wieder dem Innenleben des Koffers zuwenden konnte, stellte sie wie gewohnt die Mittagsnachrichten an.

Der Privatsender berichtete von den Kriegen der Welt, den Unfällen in der Großstadt und wartete dann mit einer Human-Touch-Story auf.

»Bedauerlicherweise ist der Schauspielerin Carol Snyder, die heute morgen unser Studiogast war, ein Missgeschick passiert. Ihr Koffer ist im Flughafenbus vertauscht worden. Sie ist wirklich sehr verzweifelt. Wir möchten ihr gerne helfen. Wenn Sie, liebe Hörerinnen und Hörer, irgendwelche Hinweise haben, rufen Sie uns an.«

Es folgte die Telefonnummer des Senders und eine genaue Beschreibung des grauen Koffers.

Heidelore Kahrs starrte entsetzt auf das aufgeklappte Gepäckstück, das auf dem Parkettboden in ihrem Wohnzimmer lag.

»Unsere Welle setzt eine Prämie für das Auffinden des Koffers aus. Fünfhundert Mark für denjenigen, der Carol Snyder aus der Patsche hilft.«

Der Koffer musste fort, und zwar so schnell wie möglich. Mit kühnem Griff leerte sie den gesamten Inhalt auf dem Fußboden aus, klappte die beiden Hälften zu und ging mit dem leeren Koffer auf den Dachboden. Völlig außer Atem erreichte sie den sechsten Stock, schloss den hölzernen Verschlag ihrer Abstellkammer auf und schlug das weiße Bettlaken zurück.

Koffer – graue Koffer in allen Größen.

Sie standen aufgereiht hintereinander, als seien sie für eine Parade bestellt. Mit Bedacht wählte Heidelore Kahrs einen aus, der dem australischen durchaus ähnlich war, zog das weiße Bettlaken über ihre Beutestücke und verließ den Speicher.

Kaum hatte sie die Habe der Schauspielerin in ihren Wandschränken verschwinden lassen, klingelte es an der Wohnungstür Sturm.

Heidelore Kahrs wusste, dass dies keiner der in der letzten Zeit so häufig verübten Kinderstreiche war.

Sie erkannte die Stimme in der Gegensprechanlage sofort. Es war der Taxifahrer, der sie in die Wilhelmstraße gebracht hatte.

Sie war nicht wenig überrascht, als eine stark geschminkte Frau hinter dem jungen Mann auftauchte. Sie hatte im Flughafenbus in der vierten Reihe gesessen.

»Wo ist der Koffer?«, fragte der Taxifahrer barsch.

»Welcher Koffer?« Heidelore Kahrs gab sich gelassen.

»Ihr Koffer!« Der Mann zeigte auf die Schauspielerin, die an der Wohnzimmertür stehen geblieben war.

»Was soll das?«, empörte sich Heidelore Kahrs. »Ich habe meinen Koffer gerade erst ausgepackt ...«

Sie sah zu der Frau hinüber.

»*I need my phone, lady, nothing but my phone, please!*« Ihr Akzent war breit und abscheulich.

Heidelore Kahrs öffnete den Wandschrank und holte den grauen Samsonite hervor.

»*This is my suitcase*«, sagte sie in bestem Oxford-Englisch.

Die Australierin kam schnell ein paar Schritte näher, besah sich das Gepäckstück und wich zurück.

»*Oh, sorry, lady, that's not mine. Sorry to disturb you.*«

Der Taxifahrer hatte kein Wort verstanden. Heidelore Kahrs übersetzte ihm, was Miss Snyder gesagt hatte. »Da muss wohl eine Verwechslung vorliegen.«

»Muss wohl«, sagte der Taxifahrer. »Aber ich war mir so sicher, und die fünfhundert Emmen hätte ich auch gerne eingesackt.«

»Kann ich mir denken«, erwiderte Heidelore Kahrs.

»*Sorry, really sorry*«, wiederholte die Schauspielerin noch einmal an der Tür. Nun tat sie ihr doch ein bisschen leid.

Als die beiden das Haus verlassen hatten – sie beobachtete hinter dem Vorhang, wie sie wieder ins Taxi stiegen –, musste sich die Zweiundachtzigjährige erst einmal ausruhen. So sehr sie die Aufregung genoss, ungewöhnliche Entdeckungen in fremden Koffern zu machen, dieser Besuch hatte ihr doch zuviel Kraft geraubt. Wie gut, dass ihre Tochter den Kaffeeklatsch verschoben hatte.

Ein »Düdelüt« ließ sie hochfahren.

Es war weder ihr Telefon noch die Wohnungsklingel.

In regelmäßigen Abständen: Düdelüt – Düdelüt – ... Nun saß sie in der Falle. Hatte man sie ausfindig gemacht? Heidelore Kahrs erhob sich aus ihrem Sessel. Wo lag dieses verdammte Gerät? Nach einigem Suchen fand sie es auf dem Eisschrank, wo sie es gedankenverloren abgelegt haben musste. Vorsichtig nahm sie es in die Hand. *The phone.* Wenn sie ranging, würde sie entdeckt werden. Das war viel zu risikoreich. Sie musste warten, bis das Düdelüt aufhörte. So schwer ihr das auch fiel. Wie gebannt starrte sie auf das Gerät. Kurz entschlossen legte sie das immer noch düdelnde Handy in den Eisschrank. Es wird sich wahrscheinlich erkälten, dachte Heidelore Kahrs und lachte dabei. Am Nachmittag würde sie es im Kanal versenken. Auf dem Weg zu ihrer Tochter.

Die Rätsel aus dem Koffer

Im vorletzten Koffer hatte Heidelore Kahrs nicht nur einen Englisch-Sprachkurs, sondern auch eine deutsche Rätselsammlung gefunden, und ob ihr Kopf noch richtig gut funktionierte – nicht unwichtig bei ihrem Hobby – überprüfte sie bei diesen Übungen:

Welcher Buchstabe verändert beide Wörter?
Beispiel: Gas – Adel, *Lösung:* T = Gast, Tadel

I. Rache – acht
II. Mal – Eile
III. Base – Achse
IV. Ode – Asse
V. Mitte – Eiche
VI. Pole – Orden
VII. Meile – Aster
VIII. Linda – Ran

IX. *Welches zusammengesetzte Wort wird hier gesucht?*
Das Erste kann niemand durch Arbeit erringen.
Wer es hat, dem wird stets alles gelingen.
Zwei wächst auf der Wiese oder im Wald.
Man muss es gut kennen,
dann findet man's bald.
Wer als das Ganze wird geboren,
der hat noch nie ein Spiel verloren.

Endlich Ruhe im Haus

Susanne Mischke

Was wollten die alten Damen in unserem noch älteren Mietshaus nicht alles unternehmen, falls – was der liebe Gott verhüten möge, aber man kann die Möglichkeit ja nicht völlig außer Acht lassen – ihre Ehemänner vor ihnen das Zeitliche segnen sollten. Wenn die Damen unter sich waren, träumten sie mit feuchten Augen von Theaterabonnements, Opernfahrten, Kuren und Studienreisen.

Eine Schar unternehmungslustiger zukünftiger Witwen kauerte sozusagen in den Startlöchern und beneidete mich, die »alte Jungfer«, wie sie mich jahrzehntelang hinter meinem Rücken genannt hatten, um meine Freiheit.

Der liebe Gott seinerseits hielt sich artig an die Statistiken der Lebensversicherer und berief die greisen Gatten schön der Reihe nach zu sich, einzig der alte Birnstiel überlebte seine Hilde, neigte er doch schon seit Jahr und Tag zu gewissen Extravaganzen.

Nun aber musste ich bei sämtlichen Hinterbliebenen mit Befremden beobachten, dass sie nicht einmal eine angemessene Trauerfrist einhielten, ehe sie sich um Ersatz für die Verblichenen bemühten. Seitdem ist keine Rede mehr von Oper und Theater, von Reisen schon gar nicht, denn die neuen Lieblinge verlangen nach ungeteilter, permanenter Zuwendung.

Den Anfang machte die Reitze, Parterre rechts. Kaum dass ihr Paul unter der Erde lag, legte sie sich einen Papagei zu. Das Tier fängt jeden Morgen um sechs Uhr derart an zu krakeelen – auch an Sonn- und Feiertagen –, dass bei mir im zweiten Stock an Schlaf nicht mehr zu denken ist. Es übertönt sogar das Gepiepse der Kanarienvögel von Frau Sudhoff, Parterre links. Zu ihrem Glück ist die Nonnenmacher, die zwischen der Reitze und mir wohnt, schwerhörig. Seit kurzem hält sie sich Fische. Ausgesprochen angenehme, ruhige Tiere. Mit ihnen spricht sie so laut, dass ich jedes Wort verstehen kann. Sie erzählt ihnen genau das Gleiche, was sie bisher ihrem Gummibaum erzählt hat.

Ihr gegenüber wohnt Birnstiel. Er ist noch ziemlich rüstig und meinte wohl deshalb, sich einen Hund zulegen zu müssen, ach, was sage ich Hund – einen schwarzen, zotteligen Wischmopp auf vier Pfoten, die überall Dreckspuren hinterlassen. Ganz zu schweigen vom Gebell aus nichtigstem Anlass und zu jeder Tages- und Nachtzeit. Das schlimmste Übel aber war der Kater meiner Nachbarin, ein gestreiftes Tier namens Fiskus. Ihr Mann, Hugo Kaminski, war Finanzbeamter gewesen. Fiskus machte weniger Schmutz als der Hund, aber glauben Sie ja nicht, dass es angenehm ist, wenn man frühmorgens – aus dem Schlaf gerissen von einem »Jocki, Jocki, Bussi, Bussi« kreischenden Papageien – die Zeitung vom Fußabtreter sammelt und der müde Blick dabei an aufgeschlitzten Bäuchen mit herausquellenden Mäusedärmen auf dem Abtreter gegenüber hängen bleibt. Ein sensibler Mensch wie ich braucht danach Stunden, um den ersten Bissen zu sich nehmen zu können.

Trotzdem tat mir die Kaminski beinahe leid, als sie an jenem eiskalten Januartag unentwegt »Fiskus, Fiiiskus, wo ist denn mein Kätzchen?« rufend draußen herumlief.

»Er kommt sonst jeden Morgen nach Hause«, klagte sie mir gegen Mittag ihr Leid.

»Und bringt immer was Leckeres mit«, bestätigte ich und tröstete sie mit den Worten: »Kater streunen eben manchmal. Die Triebe, Sie wissen schon.«

Worauf die Kaminski schnippisch fragte, was ich denn schon von Trieben wüsste.

Den ganzen Nachmittag pirschte sie rufend und lockend ums Haus, bis die anderen Tierfreunde genervt ihre Rolläden herunterrasseln ließen.

Es dämmerte. Noch immer ertönte ihr dünnes Stimmchen: »Fiskus, Fiiiskus!« Oder klang das nicht plötzlich anders? Trotz der Kälte öffnete ich das Fenster und horchte.

»Hilfe«, schrie die Kaminski heiser. »Hiiilfe!«

Ich sah sie im Gartenteich strampeln, den eine dünne, schneebedeckte Eisschicht in eine Falle verwandelt hatte. Fluchend rannte ich die Treppe hinunter, in den Garten, zur Kaminski.

Es war ein schönes Stück Arbeit, meine wohlgenährte Nachbarin an Land zu ziehen. Ob es eine selbstlose Heldentat war, wie die Lokalzeitung es nannte – ich weiß nicht recht. Schließlich hatte ich den Teich erst in diesem Frühjahr angelegt, als Biotop für Frösche, Lurche und Libellen, und ich wollte unbedingt verhindern, dass mir die Kaminski im Todeskampf meine Seerosen herausreißt.

Als meine Lungenentzündung ausgeheilt war und ich nach drei Wochen die Klinik verlassen durfte, hatten sich all meine lieben Nachbarn fein angezogen und bei Kaffee und Kuchen im Wohnzimmer der Kaminski versammelt. Sogar für einen Blumenstrauß war zusammengelegt worden; blaue Iris und Tulpen. Die Tulpen sahen aus, als hätten sie eine Krankheit, es war aber nur eine besondere Züchtung.

»Papageientulpen«, erklärte Birnstiel.

Es wäre beinahe eine recht harmonische Willkommensfeier geworden, wenn nicht plötzlich die Kaminski, nach einem Glas Pfefferminzlikör, das sie auf das Wohl ihres verschollenen Fiskus leerte, angefangen hätte, sich in obszöner Weise auf dem Perser zu winden. Es vergingen peinliche fünf Minuten, ehe sie endlich damit aufhörte und mit gelbgrünem Schaum vor dem Mund, in einer Haltung, die unmöglich bequem sein konnte, liegen blieb und Ruhe gab.

»Schlimm, wenn man nichts verträgt«, bemerkte Birnstiel und telefonierte nach dem Notarzt.

»Exitus«, bemerkte der Notarzt und telefonierte nach der Polizei.

Natürlich fand die Kripo schnell heraus, dass Zyankali im Likörglas war. Wir wurden alle verhört, ich auch, aber nur pro forma, denn als

heldenhafte Lebensretterin bin ich bis heute über jeden Verdacht erhaben.

Schlimmer sieht es da schon für den alten Birnstiel aus. Sein Hund lebt jetzt bei seiner Tochter und er hinter Gittern. Mordverdacht. Denn in Birnstiels Fahrradschuppen fand man den Kater der Kaminski – vergiftet.

Apropos Kater. Bei dem hat das Zeug viel schneller gewirkt als bei seiner Herrin. Dabei heißt es doch immer, Katzen hätten sieben Leben. Vielleicht hätte ich für die dicke Kaminski ein paar Tropfen mehr opfern sollen, um der Kaffeerunde diese unappetitliche Szene zu ersparen. Sei's drum. Dafür ist jetzt noch gut die Hälfte im Fläschchen.

Eben schreit schon wieder der Papagei von der alten Reitze ...

Das rätselhafte Fest der Tiere

Wenn es soweit war und endgültig Ruhe im Haus eingekehrt sein würde, könnte ich mich mit wirklichem Vergnügen auch wieder meinem neuen Rätsel zuwenden. Tiere, die wie Stecknadeln in einem Heuhaufen zu suchen sind, lassen mich wenigstens ausschlafen – wenn mir die Lösung nicht den Schlaf raubt …

Im folgenden Text sind über 25 Tiernamen versteckt.
Beispiel: Prominente Gäste, *Lösung:* Ente

DAS RÄTSELHAFTE FEST DER TIERE

Zum Gartenfest im königlichen Schlosspark reisten viele prominente Gäste an. Auch Freiherr von Veigel kam mit Kind und Kegel. Sogar der hundertjährige, langbärtige Urgroßvater war mitgekommen, weil er ohne seine vielen Angehörigen nicht existieren kann.

Der Festsaal blieb heute geschlossen, doch im Schlosspark war alles aufs Schönste gerichtet. In einer kostbaren Kupferkelle stand ein exzellenter Blumenstrauß mit rossbrauner Schleife. Aus dem Lautsprecher erschollen dezente Klänge edelster Musik der Hofkapelle, ein wahrer Ohrenschmaus. Freiherrin von zu Wipferding suchte mit Kaffee und Kuchen alle Wünsche der Gäste zu erfüllen. Wolfgang stürzte sich sofort auf den leckeren Bienenstich und fischte sich das größte Stück heraus. Man plauderte angeregt über die gute alte Zeit.

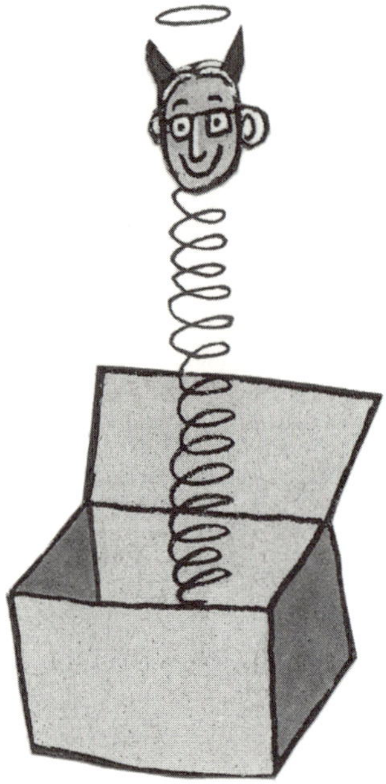

Frau Franz greift ein

Doris Lerche

»Mama, schaff dir endlich einen Wachhund an«, mahnt Wolfgang. »Oder soll ich dir einen besorgen?«

Frau Franz schiebt ihrem Sohn die Kuchenplatte hin. Vor Hunden hat sie mehr Angst als vor Einbrechern. »Iss noch ein Stück, Wölfi. Den Rest pack ich euch ein. Ist vom Bäcker nebenan. Schmeckt wie selbstgebacken, nicht?«

»Sicherheitsschlösser für alle Außentüren können nicht schaden, Mama. Ich kauf dir welche im Baumarkt.«

»Mach das nur, Wölfi.«

Frau Franz hofft, dass ihr Sohn den Wachhund vergisst. Aber ihre Kinder sind hartnäckig.

»Mama, bei dir müsste mal wieder gründlich gewischt werden«, sagt Anne, ihre Tochter, fährt mit dem Finger über den Fernseher und hält ihn ihr triumphierend vor die Nase. »Ich such dir eine Putzhilfe.«

»Meine Augen ... mein Kreuz ...«, murmelt Frau Franz schuldbewusst.

Sie hat nicht gern, wenn ihre flotte Tochter lauthals vorführt, was für eine Schlampe sie zur Mutter hat.

Anne taut ihr den Kühlschrank ab. »Wieder völlig vereist. Gib dieses hässliche Vorkriegsmodell endlich auf den Sperrmüll. Weißt du eigentlich, dass der irrsinnig viel verbraucht?«

Frau Franz hängt an ihrem Kühlschrank, der ihre ganze lange Ehe überstanden hat und immer noch fröhlich vor sich hinbrummt.

»Eine Putzhilfe wäre nicht schlecht«, murmelt sie, damit Anne nicht bei jedem Besuch die Schubladen aufreißt und das Durcheinander von Heftpflaster, Reißzwecken, Klebeband und vergilbten Fotos beanstandet.

Ihre Tochter ist eine gut organisierte Frau. In Null Komma nichts hat sie Frau Hofmeister aufgetrieben, eine lachende Philippinin, die bereits seit Jahren für eine Bekannte putzt.

»Du kannst ihr vertrauen«, sagt Anne. »Meine Bekannte überlässt ihr sogar den Wohnungsschlüssel.«

Frau Franz stellt Frau Hofmeister ein.

Sie genießt es, dass sie nun keine Verantwortung mehr hat für Staubflocken und fleckige Weingläser und Laubmatsch auf dem Gehweg. Sie genießt es, dass nun keiner mehr am Zustand ihrer Wohnung ihre hausfrauliche Untauglichkeit ablesen kann.

Während Frau Hofmeister putzt, schaut sie nach einem Geburtstagsgeschenk für Herrn Curtius. Sie geht mit Herrn Curtius ins Museum, um etwas für ihre Bildung zu tun. Sie sitzt mit Herrn Curtius im Café und hält Händchen.

Wie schön, denkt sie, jetzt hab ich endlich mal richtig frei.

Sie hat nur noch ein winziges bisschen schlechtes Gewissen, dass sie die Zeit mit schönen Dingen vertrödelt, statt sich nützlich zu machen wie alle anderen Frauen.

In meinem Alter darf ich das, denkt sie trotzig.

Herr Curtius feiert seinen Geburtstag nie. Aber Frau Franz möchte ihm so gern etwas schenken.

»Das Zeug liegt nur rum«, brummt er.

Frau Franz grübelt, was sie ihm schenken könnte, das nicht nur herumliegt. Manschettenknöpfe. Herr Curtius trägt selten Hemden. Meistens Rollkragenpullover. Im Winter dicke, im Sommer dünne. Frau Franz findet, er sollte sich mal ein anständiges Hemd kaufen wie andere Männer auch.

Sie verbringt einen ganzen Tag in Schmuckläden. Es soll ja etwas Besonderes sein für Herrn Curtius, nichts Billiges aus dem Kaufhaus. Er hat es gern schlicht, denkt sie, aber die schlichten sehen nach gar nichts aus. Sie entscheidet sich für ein Paar echt vergoldeter Knöpfe, zwar schlicht in der Form, aber mit einer kleinen perlmutternen Verzierung in der Mitte. Die macht ein bisschen was her, denkt sie zufrieden.

Die in Geschenkpapier eingewickelten Manschettenknöpfe legt sie in das geschnitzte Holzkästchen, das ihr Bruder Oskar als Junge selbst bemalt hat. Das Kästchen stellt sie zurück auf die Kommode.

Doch schon zwei Tage später beschleicht sie eine tiefe Unsicherheit, ob das Geschenk wirklich das richtige für Herrn Curtius ist. Er hat so einen eigenen Geschmack. Notfalls kann er es umtauschen, denkt sie trotzig. Schließlich hält sie es doch nicht mehr aus. Sie öffnet das Kästchen, um das Geschenk noch einmal kritisch zu begutachten. Aber da liegt kein Geschenk mehr. Nur Heftklammern und rote Gummis und Nägel. Frau Franz holt ihre Brille. Frau Franz öffnet all ihre Schubladen. Ist sie schon so tüdelig, dass sie vergisst, wo sie Herrn Curtius' Geschenk hingelegt hat? Vielleicht hat es Frau Hofmeister heute morgen in ihrer Aufräumwut irgendwo anders hingetan, denkt Frau Franz.

Sofort ruft sie Frau Hofmeister an.

Nein, sagt die, sie hat keine in Geschenkpapier gewickelten Manschettenknöpfe gesehen. Nein, sie hat überhaupt niemals in das Kästchen geschaut. Sie schaut nie in Kästchen.

Als Frau Franz nachfragt und nachfragt, fängt Frau Hofmeister an zu schluchzen. Ob Frau Franz denn glaubt, dass sie die Manschettenknöpfe gestohlen hat?

Damals, als Frau Franz mit ihrem Mann dieses Lederwarengeschäft geführt hatte, musste man höllisch aufpassen. Die Angestellten klauten wie die Raben, und man wusste nie, wer es war.

Frau Hofmeister ist sympathisch. Frau Hofmeister ist ihr empfohlen worden. Frau Hofmeister will ihre Stelle nicht verlieren. Nein, denkt Frau Franz, sie kann es nicht gewesen sein.

»Kam heute vormittag, als ich fort war, vielleicht Besuch?«, fragt sie.

Frau Hofmeister grübelt. »Ja, der Postbote mit dem Einschreibebrief«, schnieft sie. »Und die Frau mit der Bibel.«

»Zeugin Jehovas?«, sagt Frau Franz.

»Nein, aber sie erzählte dieselben Sachen, vom Weltuntergang und dass wir alle Sünder sind und dass Jesus uns liebt.«

»Haben Sie sich lange mit ihr unterhalten?«

»Sie war sehr nett«, stammelt Frau Hofmeister. »Sie hat mich gefragt, wie es mir in Deutschland geht, wie ich mit meinem Mann auskomme, ob meine Arbeit sehr hart ist, ob ich mein ganzes Geld meinen Kindern schicke.«

»Sie haben sie doch nicht etwa in die Wohnung gelassen?«

Wieder bricht Frau Hofmeister in lautes Weinen aus. »Sie fragte nach einem Glas Wasser.«

»Sie sind in die Küche gegangen und haben Wasser geholt, während sie im Wohnzimmer allein war«, vermutet Frau Franz, die gerne Fernsehkrimis guckt.

»Ja«, schluchzt Frau Hofmeister.

Das muss ich sofort Wolfgang erzählen, denkt Frau Franz. Bei dieser Geschichte hätte mir auch ein Wachhund nichts genützt.

»Die Manschettenknöpfe waren ein Geburtstagsgeschenk«, seufzt sie. »Und nicht billig.«

»Wann ist der Geburtstag?«

»Übermorgen.«

»Ich ersetze Ihnen die Manschettenknöpfe«, schluchzt Frau Hofmeister.

»Ich würde lieber die Frau mit der Bibel finden«, sagt Frau Franz. »Meinen Sie, Sie erkennen sie wieder?«

»Aber natürlich«, sagt Frau Hofmeister. »Sie war lang und dünn und trug eine dicke Brille.«

»Dann kommen Sie bitte gleich her«, sagt Frau Franz energisch. »Vielleicht läuft die Dame noch hier in der Gegend herum.«

»Ich komme«, verspricht Frau Hofmeister. »Ich muss nur noch kurz einen Putztermin verschieben.«

Frau Franz geht rüber zu Frau Krauspeter, die direkt neben ihr wohnt.

»Ja«, sagt die. »Diese Frau war heute am späten Vormittag hier. Ich hab sie gleich weggeschickt. Ich hab's nicht so mit der Bibel, wissen Sie.«

Frau Franz klappert alle Nachbarn der Straße ab. Außer bei Frau Krauspeter war die Dame noch nirgends gewesen. Vielleicht macht sie Mittagspause, denkt Frau Franz. Auch eine Bibeldame muss was essen.

Überall hinterlässt Frau Franz ihre Telefonnummer: »Falls die Frau mit der Bibel auftaucht, verwickeln Sie sie bitte in ein Gespräch und rufen Sie mich unter einem Vorwand an. Ich komme dann sofort.«

Inzwischen ist auch Frau Hofmeister, die weinende lachende Philippinin aufgetaucht. Gemeinsam machen sie es sich im Wohnzimmer bequem, trinken Verbenen-Tee – »Der beruhigt«, sagt Frau Franz – und warten ab. Frau Hofmeister erzählt von ihrem deutschen Mann und ihrem verstorbenen philippinischen Mann und von ihren drei philippinischen Kindern, die aber schon längst erwachsen und verheiratet sind; sonst wäre sie nie nach Deutschland gegangen. Ihren jetzigen Mann hat sie über eine Anzeige kennengelernt. Sie würde ihn nie wieder nehmen. »Es war keine Liebe, wissen Sie. Ich habe gedacht, die Liebe kommt mit der Zeit. Aber mein Mann ist ein Geizkragen. Er will meine Verwandten nicht zu Besuch haben. Es sind zu viele, sagt er, das geht ins Geld.«

Da klingelt das Telefon. Aber es ist nur Wolfgang, der nach der Arbeit vorbeikommen will, um die Sicherheitsschlösser einzubauen. »Kellertür, Haustür und Terrassentür«, zählt er auf. Frau Franz sagt nichts von den Manschettenknöpfen. Sonst macht Wolfgang ihr gleich Vorhaltungen, dass sie zu vertrauensselig ist. Dass ihre Putzhilfe zu vertrauensselig ist.

Wieder klingelt das Telefon. Diesmal ist es Frau Ruppert, die mit ihrem bettlägerigen Mann ganz am Ende der Straße wohnt und noch ein paar Jährchen älter ist als Frau Franz. »Ich wollte nur sagen«, erklärt sie mit einer steifen, unnatürlichen Stimme, »es gab noch Kräuterblutsaft im Reformhaus.«

Frau Franz wirft sich in ihren Mantel. Frau Hofmeister tut es ihr nach.

Sie hasten den Bürgersteig entlang. Zwischendurch muss Frau Franz stehenbleiben und sich die Brust halten. Sie hat ein schwaches Herz, das nicht überanstrengt werden darf. Endlich erreichen sie das schmiedeeiserne Vorgartentörchen von Rupperts. Sie klingeln, der Summer sirrt, Frau Ruppert öffnet, verschwörerisch ein Auge zugekniffen, und führt die zwei in die Küche.

Und tatsächlich, am Küchentisch sitzt die Dame, lang, dürr, mit dicken Brillengläsern, eine gesteppte Stofftasche neben sich auf dem Boden.

Streng und anständig sieht sie aus, denkt Frau Franz beschämt. So eine guckt in keine Kästchen. Ich war wieder mal zu voreilig. Gott, wie peinlich. Gut, dass ich Wolfgang nichts erzählt habe. Dann hätte er wie immer gesagt, ich solle nicht so viele Fernsehkrimis gucken.

»Ja«, ruft Frau Hofmeister, »das ist sie.«

Die Frau springt auf, rafft ihre Stofftasche, stößt die kleine mollige Philippinin beiseite, drängt sich an der kaum größeren und ebenso molligen Frau Franz vorbei und stürzt in den Flur. Sie hat nicht mit Frau Ruppert gerechnet, die ihr den Zugang zur Haustür versperrt, beide Arme ausgebreitet. Frau Ruppert ist eine imposante korpulente Erscheinung, die man nicht so schnell beiseite schieben kann. Die dürre Frau drängelt rechts, drängelt links, Frau Rupperts massiger Körper ist wie ein Bollwerk. Da springt sie Frau Ruppert an wie ein ausgehungerter Köter, schnappt eine Hand und gräbt ihre Zähne hinein.

»Sie Biest!«, schreit Frau Ruppert.

Schon sind Frau Hofmeister und Frau Franz an ihrer Seite und hängen sich gemeinsam an die Henkel der Stofftasche. Die dürre Frau fährt herum, kreischt: »Überfall! Hilfe! Polizei!«, umklammert die Tasche mit beiden Händen. Frau Hofmeister und Frau Franz halten ganz fest.

»Gute Idee!« Frau Ruppert drängt sich zum Telefon. »Ich rufe die Polizei.«

Da lässt die Frau ihre Tasche fahren, reißt die Tür auf, rennt zum Gartentörchen. Weg ist sie.

Frau Ruppert hält anklagend ihren Handrücken hoch. »Man sieht den Abdruck der Zähne.«

»Da hilft essigsaure Tonerde«, sagt Frau Franz. »Ein Hausmittelchen meiner Mutter. Gibt's in jeder Apotheke.«

Frau Ruppert legt sich einen kühlenden Waschlappen auf die Wunde und schaut kurz nach ihrem Mann. Der ist stark schwerhörig und hat von dem ganzen Gerangel nichts mitbekommen.

»Sein Hörgerät liegt wie üblich auf dem Nachttisch«, sagt sie. »Er hört nur, was er will.«

Frau Hofmeister holt die Tasche aus dem Flur und stellt sie mitten auf dem Küchentisch ab. Sie ist beige und abgewetzt und zu den Seiten hin ausgebeult.

»Sieht selbstgenäht aus«, sagt Frau Franz mit Kennerblick. »In unserer Taschenkollektion hatten wir, mein Mann und ich, auch Taschen aus Naturleinen. Aber so ein Modell war nie dabei.« Und mit funkelnden Augen setzt sie hinzu: »Möchte wissen, was da drin ist.«

»Ob wir sie so einfach aufmachen dürfen?«, zögert Frau Ruppert. »Wir sind doch gar nicht sicher, dass die Dame gestohlen hat.«

»Vielleicht geht sie jetzt tatsächlich zur Polizei«, sagt Frau Hofmeister nun auch kleinlaut. »Dann kriege ich Ärger mit meinem Mann.«

»Sie hat sich eindeutig verdächtig gemacht«, versichert Frau Franz. »So schnell, wie sie wegrennen wollte, als Sie sie erkannt haben.«

Ratsch – zerrt sie den Reißverschluss auf. Die Tasche enthält zahllose Innenfächer, alle mit Reißverschlüssen versehen und mit Watte ausgepolstert. Triumphierend zieht Frau Franz eine Brosche, zwei Halsketten und ein silbernes Zigarettenetui hervor.

»So was schleppt man nicht mit sich herum«, sagt Frau Ruppert erleichtert, »wenn man Leuten die Bibel nahe bringen will.«

»Hier ist sie, die Bibel«, sagt Frau Franz und legt eine kleines dickes Buch mit eingraviertem Goldkreuz auf den Tisch.

Sie wühlt weiter in den wattegepolsterten Fächern. Findet einen Reisewecker, zwei Pässe, einen Schlüsselbund und ein Portemonnaie mit mehreren Hundertmarkscheinen.

»Da müssen wir wohl einen kleinen Rundgang in der Nachbarschaft machen«, sagt Frau Ruppert, »und fragen, wem was gehört.« Sie öffnet die Pässe. »Das ist doch das Ehepaar Sauer«, ruft sie aus, »die seit achtundvierzig Jahren oben am Park wohnen.«

»Vielleicht hat sich die Bibel-Dame auf Alte spezialisiert«, mutmaßt Frau Franz. »Hier bei uns in der Siedlung leben ja fast nur ältere Witwen und drei oder vier ältere Paare.«

»Die denkt wohl, wir haben alle Alzheimer«, sagt Frau Ruppert empört.

Frau Franz wühlt weiter.

»Meine Manschettenknöpfe!«, schreit sie plötzlich und reißt das knitterige Geschenkpapier auseinander.

Ja, da liegen sie: golden und perlmuttern schimmernd.

Andächtig betrachten die drei Frauen das wiedergewonnene Geschenk.

»Ihr Mann kann sich glücklich schätzen«, sagt Frau Ruppert. »So schöne Knöpfe. Und bestimmt teuer. Geht das von Ihrem Haushaltsgeld ab?«

»Ich weiß nicht, ob er sie will«, seufzt Frau Franz. »Er trägt nämlich keine Hemden.«

»So was habe ich ja noch nie gehört«, sagt Frau Ruppert entrüstet. »Keine Hemden? Wissen Sie was: Schenken Sie Ihrem Mann einfach ein hübsches Hemd, passend zu den Manschettenknöpfen. Der wird sich schon dran gewöhnen. Was meinen Sie, an was sich der meinige alles gewöhnt hat, im Laufe der Jahre.«

»Er ist nicht mein Mann«, sagt Frau Franz und setzt errötend hinzu: »Er ist mein Geliebter.«

Um-die-Ecke-Gedacht

Als aber der Geburtstag von Frau Franz nahte, wusste Frau Hofmeister genau, was sie ihr schenken würde, damit Frau Franz ihre Kombinationsgabe beim Um-die-Ecke-Denken trainieren konnte.

I.

Es ist keine Party – auch wenn's so klingt,
wo jeder lauthals Psalmen singt.
Es geht um eine Fähigkeit
der frommen Art, das ist schon richtig.
Doch nimmt man die heut nicht mehr so wichtig.

II.

Das Erste errichtet zu Gottes Ehr,
ein Bau gar herrlich, hoch und hehr.
darinnen das Zweite des Amtes waltet,
verkündet die Lehre, die niemals veraltet.
Das Ganze mit blutrot gefiederter Brust
Singt seine Lieder im Laubwald voll Lust.

III.

Das Erste ein heiliges Zeichen uns ist.
Mit dem Zweiten munter das Vögelein frisst.
Das Ganze gibt einem Vogel den Namen,
der nährt sich geschickt von Fichtensamen.

Wer anderen eine Grube gräbt

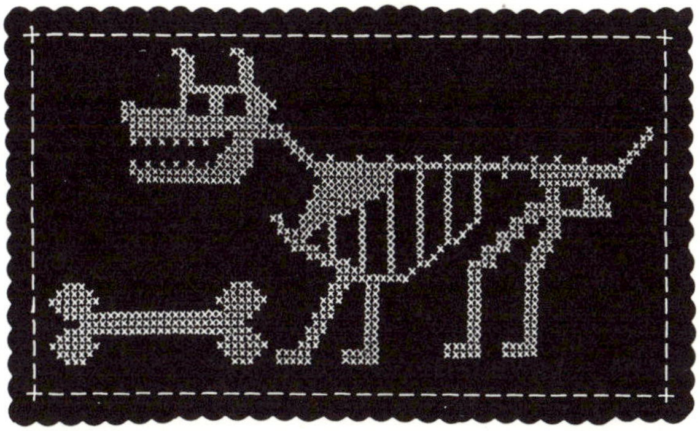

Strafe muss sein

NIKLAUS SCHMID

Wie ich darauf gekommen bin – mit einem Satz ist das nicht zu beantworten. Da muss ich schon etwas ausholen. Lehnen Sie sich zurück, haben Sie Geduld mit einem alten Mann.

Also, auf die Idee hat mich Walter Bruhns gebracht. Helmut, hat er gesagt, es gibt Angebote, die kann man einfach nicht ausschlagen. Nun, er muss es ja wissen.

Wie? Ach richtig, Sie kennen Bruhns ja nicht.

Er ist mein Zimmergenosse. Wir wohnen zusammen auf einem ehemaligen Bauernhof, der zu einer privaten Seniorenresidenz umgebaut worden ist – man könnte auch Altenheim sagen. Egal! Gute Luft, viel Ruhe: alles bestens, was mich betrifft. Ich sitze gern nur so vor der Haustür, lasse meine Gedanken schweifen und schaue den scharrenden Hühnern auf dem Hof zu. Wie gesagt, kein Grund zur Klage.

Doch für einen Stadtmenschen wie Bruhns ist es hier im Grunde genommen zu einsam. Er ist zweiundsiebzig, drei Jahre älter als ich, und auch nicht mehr besonders flink auf den Beinen. Bruhns war also froh, als sich dann, kurz nach seinem Einzug hier, die Gelegenheit ergab, mal etwas anderes als mich und die Bäume und die Hühner zu sehen. Und das geschah, als ihn nette Mitmenschen zum ersten Mal zu einer Kaffeefahrt abholten. Das war, warten Sie, ungefähr vor einem Jahr.

Woran ich mich noch genau erinnere, ist, dass Bruhns von diesem Ausflug eine Spezialdecke mitbrachte. Er hörte gar nicht mehr auf, von ihr zu schwärmen. Angeblich bestand die Decke aus einem Material, das sich nicht statisch auflud und folglich auch »dem älteren Menschen mit seinem empfindlichen Herzen keinen tödlichen Schlag versetzen konnte« – letzteres waren, laut Bruhns, die Worte des Reisebegleiters gewesen. Der Verkäufer musste die Gefahren normaler Wolldecken dermaßen drastisch geschildert haben, dass nicht nur Bruhns, sondern auch alle übrigen Teilnehmer die Spezialdecke gekauft haben, zum einmaligen Supersonderpreis von 299,50 Mark.

Bei der zweiten Tour kaufte Bruhns dann ein Dutzend Kochtöpfe, aus Edelstahl »und extra schwer für den Küchenprofi«. Einmal, genau einmal hat mein Zimmerkollege sie benutzt, und zwar um eine »auf den Geschmack unserer Senioren« abgestimmte Tütensuppe darin aufzukochen – und das war's dann, schließlich werden wir ja von dem jungen Paar, das den Bauernhof alternativ führt, beköstigt.

An dem Morgen jenes Tages, von dem ich Ihnen erzählen will, hatte Bruhns das Frühstück überhaupt nicht angerührt. Er habe keinen Appetit, sagte er, und wolle auch nicht aufstehen. So weit war es also gekommen. Früher war Walter immer zeitig raus aus dem Bett; früher, da haben wir auch noch öfter Schach gespielt, zusammen Radio gehört, geredet oder zusammen getrunken. Ja, früher!

Jetzt lag er da, mit dieser Spezialbrille, die er auf einer der letzten Fahrten erstanden hatte – eine Art Walkman zum Sehen –, und ich betrachtete ihn voller Sorge. Die obere Hälfte seines Gesichts war von einer Konstruktion aus verspiegeltem Glas und schwarzem Plastik verdeckt, ein dünnes Kabel lief über sein graues Haar zu den Ohrstöpseln.

»Walter?« Keine Reaktion. Vielleicht schlief er, gut möglich aber auch, dass er nur so tat.

Am Morgen hatten wir uns nämlich gestritten. Es war wieder einmal um die vielen, in meinen Augen nutzlosen Dinge gegangen, die in regelmäßigen Abständen den Weg in unser Zimmer fanden und unseren Lebensraum langsam eng werden ließen.

Da war zunächst die Lexikonausgabe in dreißig Bänden. Dann kamen Zeitschriften-Abonnements für Hobbyfotografie und Fischzucht, für Country-Life, Golf und Computer. Das einzig Gute an diesen Magazinen war, dass sie sich leicht verstauen ließen.

Ausgesprochen sperrig hingegen war eine von Walters neueren Errungenschaften. Das Ding hieß *Easy Stretch*, bestand aus verchromten Stahlrohren sowie einer gepolsterten Tischplatte. »Zum regelmäßigen Aushängen gerade nicht mehr ganz junger Körper äußerst wichtig. Sie werden sich um Jahre jünger fühlen«, hatte der Verkäufer den Teilnehmern der Kaffeefahrt den Erwerb von *Easy Stretch* schmackhaft gemacht.

Nun, Bruhns hatte sich nur ein einziges Mal »ausgehängt« – seitdem konnte er ohne meine Hilfe nur noch schlecht laufen. Wollte er irgendwo hin, gab er mir ein Zeichen. Ja, das machte er, und er erlaubte mir auch, ihn zu umsorgen.

Nur die Erlaubnis, diesen ganzen Schrott wegzuwerfen, die gab er mir nicht. Na ja, irgendwie auch wieder verständlich. Schließlich hatte er alles teuer bezahlt, sehr teuer, viel zu teuer.

Die Großpackungen mit »unentbehrlichen Aufbaupräparaten«, die CD-Sammlungen mit den Liedern abgehalfterter Schlagersänger und all die anderen »wertvollen, altersgerechten« Artikel verstopften also nicht nur unser Zimmer, für sie hat Bruhns seinen Notgroschen verbraucht, sein Konto überzogen, und jetzt fängt er an, Schulden bei Verwandten und Bekannten zu machen.

Ich habe es in Bruhns Gegenwart laut und deutlich eine Sucht genannt, und er hat es eingesehen – nur aufhören, nein, das kann er nicht. Und die Verführung lauert überall.

Unter den Veranstaltern von Kaffeefahrten galt er bestimmt als zwar alte, aber längst noch nicht erschöpfte Goldmine. Fast täglich flatterten uns die »supertollen« Sonderangebote ins Haus.

Moment! Dies hier zum Beispiel. Ich lese mal vor:

»Sehr geehrter Herr Bruhns, Klockers Senioren-Tour lädt Sie zu einem einmaligen Ausflug ein. Mit unserem vollklimatisierten Reisebus (Kaffeebar + Bordtoilette) fahren wir zu dem herrlichen Wallfahrtsort Mariental, essen unterwegs in einem rustikalen Waldrestaurant (Eintopf + 1 großes Bier), machen einen Fotostopp in wildromantischer Landschaft, besuchen eine Glasbläserei – und das alles

A
B
C

zu dem einmaligen Sonderbilligpreis von nur 6,50 Mark, inklusive Abholung bei Ihnen zu Hause. Wir freuen uns, Sie schon bald ...«

Ja, diese Einladungskarte habe ich abgefangen. Das musste ich tun, nie im Leben hätte mein Freund Bruhns so einem Angebot widerstehen können. Nein, nicht einmal in jenem schlechten Zustand, in dem er sich am Abfahrtstag befand.

Ich schaute wieder zu ihm hinüber. Er atmete ganz ruhig, und mir war jetzt klar, dass er schlief. Mein Blick wanderte weiter zu der Uhr, die neben seinem Bett in einer Marienstatue tickte, und genau in dem Moment hupte es draußen.

Sie waren pünktlich.

Ich bewegte mich zum Fenster, stieg dabei vorsichtig über die Höhensonne mit dem »Spezialfilter für die erfahrene Haut«, rückte die Gardine zur Seite und machte ein Zeichen nach draußen.

»Was ist, Helmut?«, fragte Bruhns mit schläfriger Stimme. »War da nicht was? Hörte sich an wie –«

»Schlaf weiter, Walter!« Ich sah noch, wie seine Hände unter der antistatischen Spezialdecke zuckten, dann zog ich die Tür ins Schloss.

Der Busfahrer, ein dicker, gemütlich wirkender Mann mit Schnauzbart und schwarzer Lederjacke, schaute auf meine Einladungskarte.

»Herr Bruhns?«

»Der bin ich.« Als ich eine Sitzreihe im hinteren Wagenteil ins Auge fasste, wies er mit dem Daumen auf einen freien Platz gleich hinter dem Fahrersitz.

»Der ist für Sie reserviert, Chef. Bei Klocker & Co sitzen Sie in der ersten Reihe.« Einige der Fahrgäste lachten.

Berieselt von der Schlagerparade der Volksmusik, näherten wir uns dem ersten Ziel.

»Mariental, aussteigen!«, rief der Busfahrer. »Und fleißig beten. Viel Spaß, in fünfzehn Minuten geht's weiter.«

Die letzten Fahrgäste kauten noch an dem zähen Brötchen, das es danach zur Erbsensuppe gab, als ein junger Mann den Bus betrat. Graue Hosen, dunkelblaues Jackett, weinrote Krawatte; er war groß und schlank, wirkte sauber, glatt und irgendwie sehr vertrauenswürdig. Der modische Kurzhaarschnitt gab ihm einen dynamischen Anstrich, ein übergeworfener Arztkittel unterstrich seine Kompetenz.

»Benno Klocker«, stellte er sich vor, lachte mit den Zähnen und präzisierte für die Schwerhörigen oder Begriffsstutzigen unter uns: »Klocker wie locker.«

Dann nahm er mich zur Seite, locker, aber bestimmt.

Er flüsterte: »Herr Bruhns, wenn ich gleich ein Angebot mache, hätte ich es gern, dass Sie als Erster zugreifen.«

»Aber wieso?«

»Um das Eis zu brechen.«

»Eis?«

»Damit die anderen auch kaufen!«, verdeutlichte der gemütliche Fahrer.

»Aber ich brauche nichts.«

»Jeder braucht etwas.« Der Druck seiner Finger an meinem Oberarm verstärkte sich.

»Außerdem gibt es noch ein Gratisgeschenk«, zischte der Busfahrer. Als ich ihn gerade auf das doppelt gemoppelte Gratisgeschenk aufmerksam machen wollte, traf mich der schwere Schuh des Fahrers. Das überzeugte mich.

»Gern, ich nehme ... was ist es denn?«

Doch Klocker war schon bei seinem Vortrag. Er klärte die Fahrgäste über die Gefahren des Alters auf, kam auf die Risiken eines zu späten Erkennens bestimmter Krankheiten zu sprechen, verschwieg nicht, die Schwierigkeit, einen Arzt des Vertrauens zu finden, um schließlich – die eine Hälfte der Anwesenden fühlte sich inzwischen krank, die andere bereits dem Tode nahe – rasche Abhilfe zu bieten:

»Mit *Digital Sano* können Sie Ihre Gesundheit selbst überprüfen: jederzeit, überall und schnell. Gut ablesbare Armaturen, ergonomisches Design, einfache Handhabung.« Er machte eine Pause. »Und erschwinglich ist das Wundergerät auch. Durch unseren exklusiven Großeinkauf können wir diese digitale Selbstanalyse-Einheit für 899,50 Mark anbieten.«

»Ist 'ne Menge Holz«, hörte man von hinten eine Frau murmeln.

»Ist nicht die Gesundheit unser höchstes Gut?«, fragte Klocker mit besorgter Miene.

Der Schuh des Fahrers traf mich an derselben Stelle wie zuvor.

»Also, mir ist meine Gesundheit die 899 Mäuse wert.«

Es meldeten sich weitere Interessenten.

Als der Verkauf dann ins Stocken geriet, änderte Klocker seine Taktik: »Unser Ziel ist es, älteren Menschen das zu bieten, was ihnen am meisten fehlt: Geselligkeit unter ihresgleichen, attraktive Ziele, Unterhaltung, kurzum, einen gelungenen Tag. Doch möglich ist das nur, meine Herrschaften, wenn alle ein wenig dazu beitragen. Alle, ja, auch Sie da mit der Strickweste. Wie hat Ihnen denn die Fahrt gefallen? Na also, und satt geworden sind Sie auch – und alles für sechs Mark fünfzig?«

Der Angesprochene, ein Mann mit kräftiger Figur und südländischem Aussehen, blickte zu Boden. Peinliche Stille.

»Vielleicht will es sich der eine oder andere unter Ihnen ja noch überlegen«, zeigte Klocker Verständnis.

»Aber so langsam müssen wir los, Herr Klocker, sonst kommen wir nicht mehr rechtzeitig zur Glasbläserei«, gab der Fahrer zu bedenken.

Ein Blick auf seinen wippenden Fuß sagte mir, dass erneut meine Hilfe gefragt war: »Also, ich nehme noch ein zweites *Radikal Sano* ...«

»*Digital*«, verbesserte Klocker sanft.

»... in Patenschaft sozusagen, für die Dame dort.«

Die Frau, die vorhin als einzige den stolzen Preis kommentiert hatte, schaute mich verwundert an. Ich aber hatte das Gefühl, nun wirklich genug getan zu haben, um das Eis zu brechen.

Der Umsatz schien jetzt auch zu stimmen, wir fuhren weiter.

Nach dem Besuch der Glasbläserei bekam ich vom Busfahrer ein Lob, während mir Klocker den Kaufvertrag vorlegte, einschließlich einer Einzugsermächtigung für mein Konto, die ich widerspruchslos unterschrieb. Er griff in einen Karton.

»Eine Sofortbildkamera?«, staunte ich.

»Versprochen ist versprochen«, sagte Klocker.

Der Busfahrer startete den Motor und mit ihm die Endlosschleife der volkstümlichen Schlagerparade. War die Stimmung durch den schleppenden Verkauf zeitweise recht kühl gewesen, so löste sich nun die Spannung, alle waren zufrieden, und einige fingen an, mitzusingen.

Zu meinem persönlichen Glück fehlte allerdings noch eine Kleinigkeit. Ich brannte darauf, meine neue Kamera auszuprobieren. Der Busfahrer wollte den vorgesehenen Fotostopp fallenlassen, doch ich erhob meine Stimme: »Steht aber in der Einladung.«

Sein drohender Blick in den Rückspiegel konnte mich nicht schrecken, zumal ich mich jetzt außer Reichweite seiner groben Schuhe befand. Ich saß neben der netten alten Frau, die dank meiner nun auch im Besitz eines *Digital Sanos* war.

Agnes, wir duzten uns inzwischen, war auch für den Fotostopp in »wildromantischer Landschaft«. Der Mann in der Strickweste in der Reihe hinter uns – Mehmet, ein ehemaliger Fernfahrer und Gewichtheber – stimmte ebenfalls meinem Vorschlag zu.

Zu guter Letzt, auch die anderen Fahrgäste begannen zu murren, willigte Klocker ein: »Aber nur fünf Minuten.«

Nun, viel mehr Zeit, das werden Sie wissen, braucht man für ein paar Erinnerungsfotos sowieso nicht.

Nachdem ich alle Fahrgäste an dem Aussichtspunkt gruppiert hatte – klar, Benno Klocker und der Busfahrer mussten unbedingt mit drauf –, bat ich die Anwesenden, recht eng zusammenzurücken.

»So, noch mehr zur Mitte!«, gab ich meine Anweisungen. »Und einen Schritt zurück. Ja, genau so!« Dann den Selbstauslöser gedrückt – »Achtung, jetzt!« – und losgespurtet, schließlich wollte ich ja mit dabei sein.

Hier, schauen Sie mal, wirklich schöne Fotos! Und es sind alle drauf. Von Benno Klocker, unserem dynamischen Reisebegleiter, ist auf der letzten Aufnahme allerdings nur der weiße Arztkittel und von unserem gemütlichen Busfahrer nur die schwarze Lederjacke zu sehen, beides ziemlich unscharf. Die Kamera hat ja kein Teleobjektiv, und die Sachen liegen immerhin rund hundert Meter unter dem Fotografen, in der Schlucht der wildromantischen Felsenlandschaft.

Dafür konnten wir, dank der Sofortbildtechnik, die Fotos noch an Ort und Stelle bestaunen. Auf einem Bild sieht man gerade, wie Agnes und ich doch noch ihren Krückstock zur Hilfe ... Ach, dieses Foto wollen wir lieber vergessen, weg damit!

Über die anderen Aufnahmen wird sich mein Freund Walter Bruhns freuen.

Und ich freu mich schon auf die nächste Kaffeefahrt.

Kaffeefahrt-Rätsel

Helmuts nächste Kaffeefahrt verlief zwar nicht weniger effektiv, die Ausbeute für den Senioren-Hausstand war hingegen recht kläglich, da das Unternehmen perfiderweise auch noch mit Gehirn-Jogging warb. Wer die ersten drei Rätsel lösen konnte, bekam die materialisierten Lösungsworte in die Hand gedrückt. Und mehr hatten sie nach getaner Arbeit auch nicht im Kofferraum des Busses gefunden.

I.

Die Kleider hängen glatt,
wenn man eins im Schranke hat.
Wo Berge sind,
kommt zwei oft vor,
man baut daraus Brücken, Gitter und Tor.
Das Ganze in der Hausfrau Händen
muss heiß und hitzig sich drehen und wenden.

II.

Der eine freut sich, wenn eins man ihm gibt.
Der andere das Gegenteil, Süßes liebt.
Das Zweite wächst am Grabenrand,
auch auf jedem Stück Ackerland.
Das Ganze mit Eisbein oder Bauch vom Schwein,
jeder wird damit zufrieden sein.

III.

Das Erste – eine Hauptstadt im Nachbarland.
Das Zweite – so häufig am Wege wie Sand.
Gülden und bräunlich schimmert das Ganze.
Es stammt von uralten Bäumen und Pflanze.

Ursula und Karl

ANKE GEBERT

Samstag.
Ursula steigt aus der Wanne. Nachdem sie sich sorgfältig abgetrocknet hat, wickelt sie sich in ein großes Badetuch, das sie über der Brust feststeckt. An der Frisierkommode sitzend bürstet sie leise vor sich hin summend ihr langes Haar. Draußen auf der Straße hört sie einen Notarztwagen näherkommen. Je lauter das Martinshorn wird, desto lauter summt Ursula. Als der Lärm unerträglich wird, hält sie sich einen Augenblick lang die Ohren zu, dann steht sie schnell auf. Durch das offene Fenster sieht sie, wie sich der Notarztwagen im Schrittempo durch die Einkaufspassage vor dem Haus quält; Mütter, die ihre neugierig staunenden Kinder eilig hinter sich herziehen; Punks, die keinen Grund sehen, mit ihren Hunden für den Notarztwagen Platz zu machen; einen Mann, der in sein Handy schreit, weil er sein eigenes Wort nicht mehr versteht; einen türkischen Gemüsehändler, der all das beobachtet, während er gedankenverloren verwelkte Blätter von einem seiner Salatköpfe pellt.

Der Notarztwagen hält vor dem *Café Hagedorn*. Zwei Sanitäter springen heraus und holen eine Trage aus dem Auto, während der Arzt voraus ins Café eilt. Ein Hund springt laut kläffend auf die hantierenden Sanitäter zu, dem einen fällt vor Schreck die Trage aus der Hand.

Passanten drängeln sich glotzend im Eingang der Konditorei. Andere versuchen durch das Schaufenster – über die ausgestellten, künstlichen Hochzeitstorten hinweg – etwas zu erspähen. Ursula sieht zu, wie ein alter lebloser Mann aus dem Café heraus in den Krankenwagen getragen wird. Abrupt schließt sie das Fenster und setzt sich wieder an den Frisiertisch. Das blaue flackernde Licht des Notarztwagens fällt in ihr Badezimmer hinein, reflektiert im Spiegel. Schnell steht Ursula wieder auf und zieht die Vorhänge vor das Fenster. In Richtung Wohnzimmer ruft sie:

»Karl! Karl! Dein Wasser wird kalt!«

Ursula fischt ein paar ihrer Haare aus dem Badewasser.

»Karl!«

Karl ist gerade dabei, die mit 5 markierten Felder eines Blumenbildes auszumalen, seine Hände sind farbverschmiert. Ursula tritt von hinten an ihren Mann heran und beugt sich über ihn, um sein Werk zu begutachten. Dabei berührt sie mit ihrem Oberkörper seinen Rücken.

»Karl, hörst du denn nicht?«

»Ich habe doch gerade gebadet.«

»Das ist eine Woche her!«

»Mein Gott, wie die Zeit vergeht. Je älter man wird, …«

Ursula fällt mit ein.

»… desto schneller vergeht die Zeit.«

Beide lachen.

»Nun komm.«

Karl stellt den Pinsel ins Wasserglas, steht auf und hebt ergeben die farbverschmierten Hände, als würde seine Frau ihn mit einer Pistole bedrohen. Das Kissen, auf dem er saß, fällt herunter. Ursula hebt es auf und klopft es vorwurfsvoll zurecht.

»Ganz platt machst du mir das – mit deiner Malerei.«

»Der Tisch ist zu hoch.«

Ursula platziert das Kissen aufs Sofa und haut mit der Handkante einen Knick hinein.

»Ach was, der Tisch war schon immer so hoch. Du bist kleiner geworden!«

»Ich bin jetzt in einem Alter, in dem ich schrumpfen darf. Andere Männer meines Jahrgangs sind schon gar nicht mehr da!«

Ursula kleidet ihren Mann aus, wobei sie darauf achtet, dass nichts mit Karls Händen in Berührung kommt.

»Der Fotograf, der unser Hochzeitsfoto gemacht hat, Wiegand hieß der, du erinnerst dich, der hat dir damals auch schon ein Kissen unter deinen Allerwertesten gelegt. Damit du nicht so klein bist neben mir ...«

Ursula stellt sich sehr gerade vor ihren Mann.

»Und das war 1950, wie du weißt.«

Karl marschiert nackt mit erhobenen Händen Richtung Badezimmer.

»Ach was. Das kann überhaupt nicht sein! Und Wiegand hieß dieser Fotofritze schon gar nicht!«

Karl lässt sich von seiner Frau in die Wanne helfen, würdigt sie dabei aber keines Blickes.

»Du hast den ganzen Schaum verbraucht. Ich will wenigstens meinen eigenen Schaum!«

Ursula dreht lächelnd einen Plastikfisch auf und drückt ein paar Tropfen Badezusatz ins Wasser.

Karl plätschert mit den Armen.

»Und kalt ist dein Wasser auch.«

Ursula dreht den Heißwasserhahn auf.

Karl lehnt sich entspannt zurück und versucht, ein Schmunzeln zu unterdrücken.

»Du hast mich noch gar nicht gelobt ...«

Ursula dreht den Heißwasserhahn wieder zu.

»Ach Karl, ich weiß wirklich bald nicht mehr wohin mit deinen Bildern. Schön sind sie ja. Vor allem die Sonnenblumen, die liebe ich. Aber ich weiß wirklich bald nicht mehr wohin damit, wenn du so weitermachst – mit deiner Malerei.«

Ursula wirft ihrem Mann einen Schwamm in die Wanne und geht hinaus. Karl greift sich schnell den Plastikfisch und drückt eine große Menge Badezusatz ins Wasser.

»Für wahre Kunst ist immer ein Platz. Und außerdem erbst du die Bilder mal. Kannst sie alle verjubeln, wenn ich mal nicht mehr bin!«, ruft er seiner Frau hinterher. In der Küche stellt Ursula zwei Gedecke auf ein Tablett. Die Tomaten, die in einem Korb liegen, drückt sie der Reihe nach mit der Hand durch.

»Erst müssen die Ollen aufgegessen werden, hat mein Vater immer gesagt. Nur, wenn wir die Ollen endlich aufgegessen hatten, waren die guten inzwischen auch oll geworden ...«, redet sie vor sich hin.

Eine Tomate platzt auseinander, ein paar Spritzer klatschen gegen eines von Karls selbst gemalten Blumenbildern. Ursula wischt es vorsichtig mit dem Küchenlappen sauber.

Im Kühlschrank findet sie noch ein Schale Nachspeise, die vom Mittagessen übrig geblieben war. Sie stellt sie an Karls Gedeck, nimmt einen Löffel, kostet vom Pudding, streicht ihn wieder glatt, damit nicht auffällt, dass sie davon gegessen hat, kann sich nicht bremsen, nascht noch einmal, streicht wieder die Oberfläche glatt ... Sorgfältig leckt sie den Löffel ab, wischt ihn trocken und legt ihn neben das Schälchen – für Karl. Sie hört, dass ihr Mann in der Badewanne singt. Vielleicht noch etwas Frisches zum Nachtisch, überlegt Ursula und holt eine Dose Pfirsiche aus der Speisekammer.

Haltbar bis 18. 8. 1996 steht auf dem Etikett. »Werden wir schon nicht dran sterben«, sagt sie leise vor sich hin und bemerkt nicht, dass Karl in der Badewanne verstummt ist.

Ursula setzt den Öffner an die Pfirsichdose, zögert dann und geht ins Badezimmer.

Karl liegt regungslos in der Wanne. Sein Gesicht ist zur Hälfte unter das Wasser getaucht. Seine Augen sind geschlossen. Nur für einen Augenblick verlangsamt Ursula ihren Gang. Dann hält sie ihrem Mann auffordernd die Büchse und den Öffner hin.

»Karl! Bitte. Jetzt nicht.«

Der Wasserhahn tropft laut.

»Karl! Ich mag jetzt nicht. Mach mir lieber die Dose auf!«

Ursula krault ihren Mann am Kopf. Er rührt sich nicht. Sie geht ans Ende der Wanne und kitzelt ihn an den Fußsohlen. Keine Reaktion.

»Karl! Karl ...«, fleht sie.

Panisch versucht sie, ihn aus dem Wasser hochzuziehen. Doch Karl ist so schwer ...

Plötzlich öffnet er die Augen und spritzt seine Frau mit Wasser nass.

Und lacht dabei. Solange, bis auch sie lachen muss. Karl hält ihr die Bürste hin. Ursula schrubbt ihrem Mann den Rücken. Karl genießt es.

»Komm, sag auf!«

»Erstens: Mit dem Notarzt telefonieren. Zweitens: Das Beerdigungsinstitut anrufen ...«

»Aber nur das von *Thiele & Söhne* ...«

»Ja, ja. Drittens: Eine Todesanzeige aufgeben ...«

»Aber nur eine kleine! Damit es nicht so teuer kommt.«

»Ja. Viertens: Das Abo von deiner Zeitschrift *Ich und meine Malerei* kündigen und fünftens: ... Karls Bilder verjubeln!«

Ursula kichert und spritzt ihren Mann nass. Der greift nach ihrer Hand und ist plötzlich ernst geworden.

»Ich weiß nicht, was aus dir werden soll ohne mich. Du bekommst ja nicht einmal allein eine Dose auf ...«

Ursula reicht ihm die Pfirsichbüchse hin.

»Ach, Karl. Weißt du was: Ich behalte dich einfach.«

Sonntag.

Ursula und Karl haben sich besonders schön gemacht, wie immer, bevor sie hinüber ins *Café Hagedorn* gehen. Karls Gang ist sehr aufrecht, als er seine Frau an den Tisch führt, denn er spürt, welch eine Rarität er hier ist – im Café sitzen nur allein stehende Damen in Gesellschaft ihrer Freundinnen oder Hunde.

Die Kellnerin fragt: »Wie immer?« und hat die zwei mit Zuckerkuchen belegten Teller gleich mitgebracht.

»Hmm, Beerdigungskuchen. Und zwei *Eckes Edelkirsch* ...«, bestellt Karl freudig.

Ursula sticht mit der Gabel in den Kuchen, nickt anerkennend mit dem Kopf.

»Nicht zu hart, nicht zu weich. Genau richtig. Aber du weißt doch, was Doktor Hoeft gesagt hat, du sollst keinen Alkohol trinken.«

Lächelnd trinkt Karl mit einem Schluck seinen *Eckes* aus und kostet vom Kuchen.

»Viel zu süß«, verkündet er kauend.

Auch Ursula fängt an zu essen. Im nächsten Moment verdreht sie die Augen, fällt mit dem Kopf nach hinten und erstarrt mit vollem Mund.

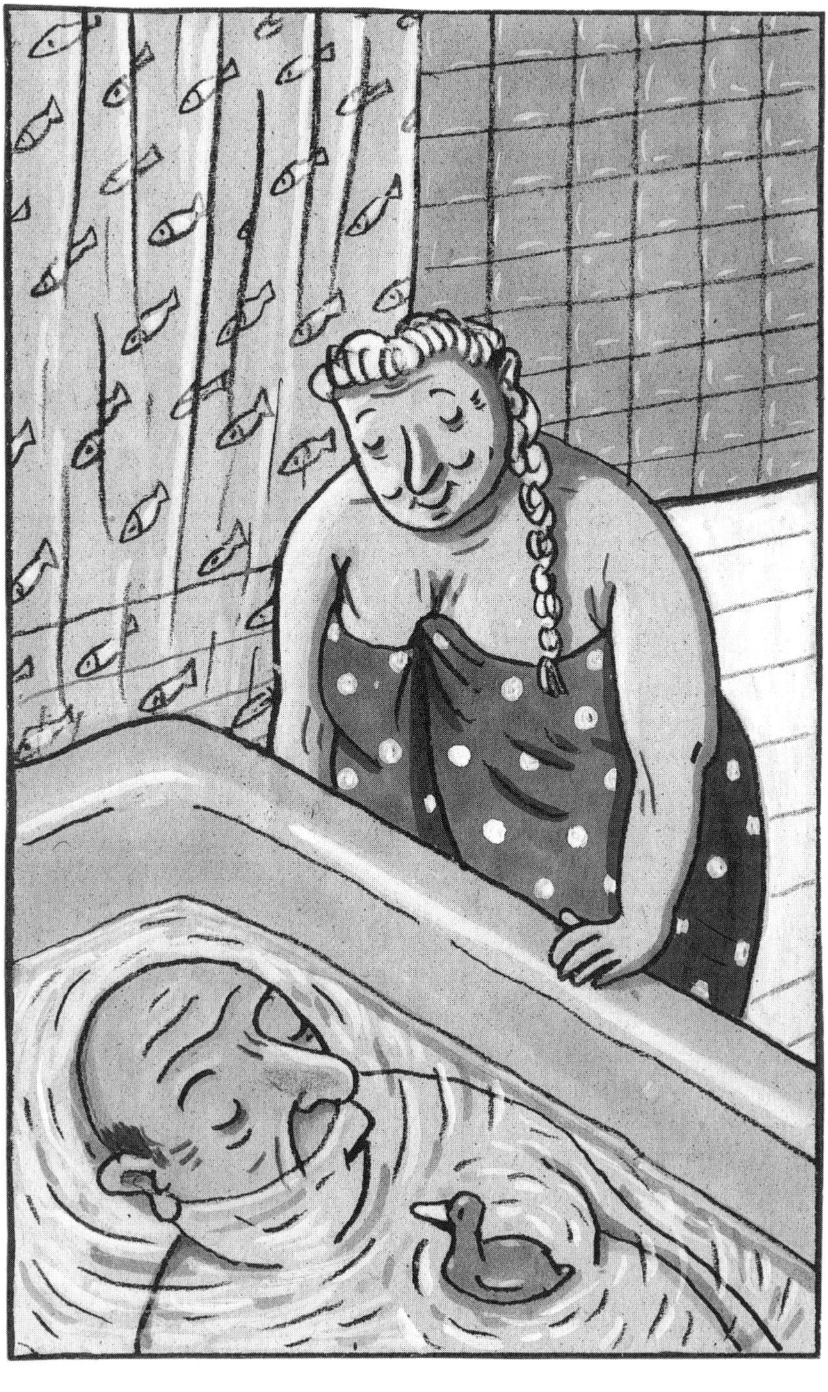

Karl ist entsetzt.

»Ursula! Bitte! Nicht hier. Sag mir lieber, wie dir der Kuchen schmeckt ...«

Sämtliche im Café sitzenden Damen starren herüber. Konditor Hagedorn kommt mit einer Torte aus der Backstube.

»Oh nein! Bitte! Nicht schon wieder. Warum immer bei mir?«

Hagedorn eilt zum Tresen, greift zum Telefonhörer und wählt die Nummer des Notarztes.

Karl ruft beschwichtigend durchs Café.

»Nein! Bitte! Es ist nichts. Ganz bestimmt. Ich mach das schon.«

Karl küsst seine Frau auf die Stirn. Sie rührt sich nicht. Karl kitzelt Ursula in der Taille. Er isst von ihrem Kuchen. Er lässt den verlockenden Duft des Edelkirsch in ihre Nase steigen und droht ihr an, das Glas selbst auszutrinken. Keine Reaktion. Er trinkt den Likör aus. Ursula rührt sich nicht. Alle im Café sehen zu, wie Karl schließlich mit der Hand unter dem Tisch zärtlich über das Knie seiner Frau streicht. Er umfasst ihre empfindlichste Stelle und kneift hinein. Ursula kreischt lachend auf, kann nicht aufhören zu lachen, verschluckt sich, was ihr etwas peinlich ist.

Pikiert wenden sich die Damen im Café wieder ihren Freundinnen, Hunden und Kuchen zu.

Die Kellnerin kommt zu Ursula und Karl an den Tisch.

»Ich kassiere dann schon mal ab.«

Montag.

Das Küchenfenster steht weit offen. Ursula schneidet Zwiebeln. Obwohl sie immer wieder die Tränen mit dem Handrücken abwischt, muss sie immer stärker weinen. Sie legt zwei Stücke Leber in die heiße Pfanne, wäscht sich die Hände und trocknet sorgfältig ihr Gesicht, bevor sie eine Büchse Rotkohl und einen Dosenöffner nimmt und damit ins Wohnzimmer geht. Karl sitzt regungslos am Maltisch, vor ihm liegt sein unvollendetes Sonnenblumenbild. Schweigend hält Ursula ihm die Dose hin. Karl reagiert nicht.

»Karl! Bitte ...«

Nach einer Weile geht Ursula unschlüssig in die Küche zurück. Geschickt öffnet sie die Büchse selbst und kippt den Inhalt in einen Topf.

Als sie die leere Dose wegwerfen will, fällt ihr auf, dass der Mülleimer voll ist.

»Aber den Müll, Karl, den Müll musst du mir wenigstens runterbringen!«

Draußen fährt ein Notarztwagen vorbei. Ohne zu Zögern schließt Ursula das Fenster.

Sie stellt zwei Gläser auf das Tablett, legt zwei Bestecke dazu und beginnt, das fertige Essen auf zwei Tellern anzurichten.

Karl hat nichts angerührt. Mit dem Nachtisch geht Ursula zu ihm an den Maltisch und hält ihm das Schälchen provozierend unter die Nase. Dann isst sie den Pudding selbst.

»Aber morgen, Karl, morgen musst du mir die Freude machen und wieder richtig essen!«

Lange sieht sie sein unfertiges Sonnenblumenbild an, dann nimmt sie einen Pinsel aus dem Wasserglas.

»Welche Farbe soll ich nehmen für die Felder mit der 7?«

Als Karl nicht antwortet, malt Ursula das Bild zu Ende. Für jedes Feld nimmt sie eine andere Farbe. In den Himmel malt sie ein Wolke hinein.

Freitag.

Ursula kommt vom Einkaufen nach Hause zurück und schließt die Wohnungstür auf.

»Karl! Ich bin's. Ich bin wieder da! Stell dir vor, die Treppen sind wieder so blank gewienert, dass ich mit den ganzen Taschen fast ausgerutscht wäre ...«

Ursula erschreckt, denn Hausmeister Krause steht in ihrem Flur am Telefontischchen.

Krause legt den Hörer beiseite.

»Bitte beruhigen Sie sich, Frau Wagner. Aber ich muss telefonieren. Ihr Mann ... Ihr Mann ist leider verstorben.«

Ungerührt geht Ursula an Krause vorbei.

»Was erlauben Sie sich! Einfach in unsere Wohnung einzudringen ...«

Krause folgt ihr in die Küche.

»Ich musste mir Einlass verschaffen. Sie waren doch nicht da. Und Ihr Mann hat auch nicht aufgemacht. Dem Mieter über Ihnen ist nämlich die Waschmaschine ausgelaufen. Ich habe überall Schüsseln und Eimer aufgestellt, damit das Wasser nicht Ihre Teppichböden ruiniert und womöglich noch ins nächste Stockwerk sickert. Dazu habe ich doch die Nachschlüssel. Ich habe es doch nur gut gemeint. Und dann habe ich Ihren Mann entdeckt. Frau Wagner, ich glaube, er ist schon länger tot ...«

Ursula packt unbeirrt die Einkäufe aus. Tomaten, Puddingpulver, Pfirsiche in der Dose.

»Frau Wagner, Sie müssen telefonieren. Einen Arzt anrufen. Das Beerdigungsinstitut ...«

»Drittens: Eine Todesanzeige aufgeben ... Ich weiß. Ich mach das schon.«

»Nein, ich nehme Ihnen das ab. Ich mach das für Sie!«

»Bitte gehen Sie jetzt. Verlassen Sie unsere Wohnung!«

Krause hört nicht, geht zum Telefontischchen und setzt sich mit dem Rücken zur Küche, als müsse er etwas vor Ursula verheimlichen und wählt eine Nummer.

Mit der Pfirsichbüchse schlägt Ursula auf den Kopf des Hausmeisters ein. Krause springt taumelnd auf, flieht aus der Wohnung in den Hausflur. Auf seiner blank gebohnerten Treppe rutscht er aus, stürzt die Stufen hinab. Fällt unaufhaltsam und tief. Bis er regungslos liegen bleibt. Ursula schließt leise die Tür.

»Karl, willst du ein oder zwei Tomaten zum Abendessen?«, ruft sie in Richtung Wohnzimmer und geht in die Küche. Von den neu gekauften Tomaten legt sie zwei auf Karls Teller. Draußen hört sie einen Notarztwagen näher kommen. Krause wird auf einer Trage aus dem Haus getragen. Ursula sieht zu, wie ihm ein Sanitäter ein Tuch übers Gesicht deckt. Dann schließt sie das Fenster.

Noch was Frisches vielleicht, überlegt sie und öffnet die Dose mit den Pfirsichen. *Haltbar bis 15. 3. 2003* steht auf dem Etikett. Wäre der Krause fast dran gestorben, denkt Ursula lächelnd und geht mit zwei Gedecken ins Wohnzimmer – zu Karl.

Gedächtnistraining in der Badewanne

Ursula wusste natürlich, dass sie sich für den Ernstfall – sollte Karl irgendwann nicht mehr bei ihr sein – geistig fit halten musste. Sie wollte ja nicht so enden, wie die Damen im Café Hagedorn, *und da die Badewannenübung sie langsam langweilte, nahm sie sich immer mal wieder ihre Rätselsammlung vor. Vielleicht für heute diese zwei:*

I.
Das Erste wölbt sich über Dir.
Das Zweite öffnet dir die Tür.
Deckt das Ganze den Wiesenplan,
ja dann fängt wohl der Frühling an.

II.
Das Erste belebt, das Zweite schwebt.
Das Erste schmeckt gut,
schafft heiteren Mut.
Das Zweite wird munter,
wenn eins fließt die Kehle hinunter.
Das Ganze fügt man dem Fruchtsaft bei,
damit er länger haltbar sei.

Märchenstunde

Barbara Wendelken

Heute Morgen nach dem Frühstück hat unser Kolonnenführer Thomas zurückgerufen. Er hat den Jungen am Hemdkragen gepackt und ganz nah zu sich herangezogen. »Hör mal, du Mistkäfer, wenn du heute wieder keine Päckchen verkaufst, wird es ungemütlich für dich.«

Der Junge hat so was Ähnliches wie: »In Ordnung, Chef«, gemurmelt. Aus dem wird nie ein ordentlicher Drücker, das steht fest. Einer, der nicht an sich glaubt, kann nichts verkaufen. Ich hab natürlich meine Klappe gehalten. Jeder ist sich selbst der Nächste, oder? Den Thomas hat niemand eingeladen. Der ist von selbst gekommen. Hat mit seinen guten Schulnoten rumgeprahlt und gemeint, dass er nur übergangsweise mitreisen will. Um ein paar Mark extra zu verdienen. So ein Spinner.

Während der Fahrt hat er vor sich hin gestarrt und nervös auf den Fingernägeln gekaut. Seine Angst konnte man förmlich riechen. Alle wussten, dass der wieder nichts verkaufen würde, Thomas selbst wusste es natürlich auch, und er hat sich beinahe ins Hemd gemacht. Zugegeben, wenn ich mit über tausend Mark in der Kreide stehen würde, wäre mir auch längst das Lachen vergangen.

Wir hielten in einem kleinen Dorf. Ihlowerfehn. Nichts als rot geklinkerte Bauernhöfe, Wiesen und Kühe. Seit drei Wochen sind wir in Ostfriesland unterwegs, klappern ein Kuhdorf nach dem anderen ab. Und es läuft mies. Bei allen. Kein Wunder, dass wir uns gegenseitig nur noch anmachen. Ich bin auch im Minus. Gestern Abend hat der Kolonnenführer mich vor versammelter Mannschaft zusammengefaltet. Von wegen keine Lust, faul, auf dem absteigenden Ast. Meine Schulden belaufen sich auf dreihundertsiebzig Mark. Ne Menge Kohle für einen Drücker. Hier in Ostfriesland werde ich nie im Leben so viele Päckchen loswerden. Nie.

Der Kolonnenführer parkte den Bulli vor der Kirche, stellte den Motor ab, stieg aus und öffnete von außen die Schiebetür. »Dann los«, knurrte er unwillig. »In drei Stunden sehen wir uns. Wer nichts vorweisen kann, muss sich warm anziehen.«

Unser Loser Thomas huschte wie ein verängstigtes Karnickel von dannen. Genauso gut hätte er dableiben und die Schläge gleich in Empfang nehmen können. Unser Kolonnenführer kann übel zuschlagen. Das weiß ich leider nur zu genau. Und ich hab eine Höllenangst vor seinen Fausthieben. Genau wie die anderen.

Aber ich habe gelernt, meine Angst zu verbergen. Ein Muss in diesem Job. Einer, der vor Furcht zittert, kann nichts verkaufen. Betont lässig hab ich mir erst mal eine Zigarette angezündet, so als könnte mich nichts erschüttern. Dabei war die Straße, die der Kolonnenführer mir zugeteilt hat, mies, sie endete im Nichts, besser gesagt in einem Wald. Höchstens fünf oder sechs Häuser, zwei davon auch noch Bauernhöfe. Auf den Bauernhöfen läuft es einfach nicht. Die Bäuerinnen rufen ihre Männer oder Söhne in die Küche. Und zwei oder drei Leute gleichzeitig lassen sich nicht so leicht überreden. Außerdem werden diese Bauern verdammt schnell ungemütlich. Neulich hat einer seinen gottverdammten Köter von der Kette genommen. Bin selten so gerannt.

Plötzlich stand der Kolonnenführer neben mir.

»Mach keine Dummheiten. Wir kriegen dich«, flüsterte er. Sein Atem war heiß und unangenehm feucht.

Ich fühlte mich ertappt. Jeder von uns denkt mal ans Abhauen. Da bin ich keine Ausnahme. Aber hier, mitten in Ostfriesland, wo es nicht mal einen Bahnhof gibt? »Was für Dummheiten?« tat ich erstaunt.

Wie zu erwarten, hatte ich auf den beiden Höfen kein Glück. Ich kam nicht einmal dazu, mein Märchen von dem Mädchen-Behinderten-Heim richtig aufzusagen. Die Leute knallten mir die Tür vor der Nase zu. Dabei hätten denen dreißig Mark für zwei Päckchen mit Glückwunschkarten bestimmt nicht wehgetan. Aber so ist es im Leben: Die, die es so richtig dicke haben, sind die größten Geizhälse.

Im dritten Haus öffnete niemand die Tür.

Das vierte Haus war klein und unscheinbar, eben eines dieser ländlichen Häuser, wie ich sie in den letzten Wochen zur Genüge gesehen hatte. Altmodische Gardinen, Einfachverglasung in den Fenstern, ein uralter Briefkasten, eine verrostete Hausnummer, nach Geld sah es hier weiß Gott nicht aus. Neben der Gartenpforte lag ein toter Vogel, eine Krähe oder so was; ich habe sie mit dem Fuß in den Graben geschubst. Inzwischen frage ich mich ernsthaft, ob das nicht ein Wink des Schicksals war. Wenn ja, habe ich ihn leider nicht verstanden. War wohl viel zu sehr mit mir selbst beschäftigt. Ich überlegte krampfhaft, wie ich je aus diesem beschissenen Job rauskommen sollte. Selbst wenn in dieser Hütte fünf gutgläubige, naive Hausfrauen wohnten, die jede zwei, womöglich sogar drei Päckchen kauften, würde ich meine dreihundertsiebzig Mark Schulden nicht annähernd bezahlen können. Es war zum Heulen.

Die Gartenpforte quietschte unfreundlich. Sie war bestimmt so alt wie das Haus. Und nie gestrichen worden. *Harm Lichtsinn* stand auf dem Klingelschild. Lichtsinn, was für ein dämlicher Name! Ich drückte auf den weißen Plastikknopf. Eine Weile war es still, dann öffnete eine alte Frau. Ich schätzte sie auf Mitte siebzig. Obwohl ich nicht der Größte bin, einsdreiundsiebzig, reichte sie mir nicht mal bis an die Schulter. Ihr weißes Haar trug sie zu einem Knoten gedreht.

Den Witwenring an ihrer rechten Hand sah ich gleich. Für solche Dinge hab ich ein Auge. Alte Witwen sind immer gut. Die sind dankbar für jedes Wort und leicht zu überzeugen. Ich setzte also mein Braver-Sohn-Lächeln auf und spulte meine Geschichte ab. Arme behinderte Mädchen, von den herzlosen Eltern verstoßen, die im Heim leben müssen und sich ein kleines Taschengeld durch das Verpacken von Glückwunschkarten verdienen.

»Nur ein Päckchen für fünfzehn Mark, und Sie tun wirklich ein gutes Werk.« Ich hielt der Alten meinen selbstgedruckten Ausweis unter die Nase, in dem ich mir die schriftliche Genehmigung erteilt habe, Glückwunschkarten für das von mir erfundene Heim zu verkaufen.

Ich will mich nicht loben, aber meine Geschichten sind wirklich gut.

Sie gehen zu Herzen. Wenn man mich reden lässt. Die Alte schien gerührt.

»Ach Gottogott, was gibt es doch für ein Elend auf der Welt. Nun kommen Sie erst mal rein, meine Beine machen das lange Stehen nicht mehr mit.«

Ich hatte sie in der Tasche. Kein Wunder. Jedes Mal, wenn ich mit viel Pathos meine Märchen erzähle, ziehe ich innerlich den Hut vor mir selbst. Was bin ich doch für ein guter Mensch. Verkaufe in meiner Freizeit Glückwunschkarten, damit die Behinderten sich auch mal ein Eis leisten können.

Die Alte sah noch ziemlich fit aus. Zum Gehen nahm sie aber einen Handstock. So ein uraltes Modell mit einem versilberten Griff.

Im Flur war es dunkel, und es roch nach feuchten Wintermänteln. Aber das kenne ich. Ältere Leute haben es nicht so mit dem Lüften. In der Küche gefiel es mir schon besser. Die Möbel waren alt, aber gut erhalten. Für den Schrank und die Stühle hätte man in einer Stadt wie Berlin ein paar Mark einsacken können. Diese Schnitzereien sind bei Antiquitätenhändlern sehr gefragt. Der Stangenofen war auch nicht schlecht. Ich glaube, da kam mir zum ersten Mal der Gedanke, dass bei dieser Lichtsinn was zu holen sein müsste.

So unauffällig wie möglich schaute ich mich um. Das ist so 'ne Art Sport für mich. Rauskriegen, wo die Leute ihr Wirtschaftsgeld aufbewahren. Bei der Witwe Lichtsinn war es leicht. In ihrem Küchenbüffet stand neben dem ganzen Geschirr rechts oben eine Blechdose. Ich war mir sicher, dass sie darin ihr Geld aufbewahrte.

Nun gut. Ich gebe es ja zu. Wenn sich die Gelegenheit bietet, lasse ich ein paar Mark mitgehen. Nicht alles. So bin ich nicht. Schließlich müssen die Leute ja auch leben. Nur zwei oder drei Scheine. Sodass es nicht gleich auffällt.

Mit dem Blick auf die Blechdose nahm ich am Küchentisch Platz. Die Alte wollte mir unbedingt einen Tee kochen.

»Um elf ist bei mir Teezeit. Und wenn ich schon mal Besuch habe ...«

Ich willigte ein. Als sie die Tassen auf den Tisch stellte, fielen mir ihre Ohrringe auf. Granat. Die gab es auch nicht beim Supermarkt um die Ecke. Sie warf zwei dicke Stücke Kandiszucker in jede Tasse. Dann schenkte sie Tee ein. Und als Letztes schöpfte sie mit einer winzigen

Kelle die oberste Sahneschicht von der Schüssel mit Milch. Diese Prozedur kannte ich inzwischen schon. Die Ostfriesen können gastfreundlich sein, das muss ich sagen. Aber sie kaufen nicht gern an der Tür.

Fünf Tassen Tee drängte die Alte mir auf, bevor ich meine Päckchen auf dem Wachstuch ausbreiten durfte. »Die Mädchen sind wirklich auf diesen Verdienst angewiesen.«

Manche wollen an dieser Stelle wissen, wieviel von den fünfzehn Mark wirklich bei den Behinderten landet. Die Alte war nicht so misstrauisch. Sie sortierte drei Kartenpäckchen heraus. »Die gefallen mir. Aber bevor ich mich endgültig entscheide, müssen Sie noch was trinken. Was ganz Besonderes. Selbstgebrannten aus schwarzen Johannisbeeren. Ich muss nur die Flasche aus dem Keller holen.«

Das lief ja wunderbar. Ich zwinkerte der Blechdose zu. So wie es aussah, würden wir beide in wenigen Sekunden ein Rendezvous haben. Die Alte erhob sich, griff nach ihrem Stock und ging langsam aus der Küche. In meinem Kopf ging es drunter und drüber. Wenn ich der Alten eins über den Schädel zog, könnte ich mich im ganzen Haus umsehen. Geld hatte die garantiert. Nicht nur in der Dose, sondern bestimmt auch im Schlafzimmer. Unter der Matratze. Oder zwischen den sauberen Bettlaken. Und Schmuck. Diese Ohrringe hatten vielleicht noch Brüder und Schwestern.

Oder sollte ich mich besser mit ein paar Scheinen aus dem Küchenschrank begnügen? Ich hab schon mal wegen schwerer Körperverletzung gesessen. Die Alte würde sich garantiert an mein Gesicht erinnern. Nee, das war mir zu heiß.

Ich schlich zum Küchenbüffet und öffnete die rechte Glastür. Die Blechdose war tatsächlich mit Geld gefüllt. Ein buntes Sammelsurium an Scheinen, gerollt oder nachlässig gefaltet. Ein paar Silbermünzen gab es auch. Nie im Leben hatte die Alte einen Überblick, wieviel Geld sie hier aufbewahrte. Da war ich mir sicher. Mit spitzen Fingern zog ich drei Hunderter aus der Dose, die ich in meiner Jeanstasche verschwinden ließ, dann verschloss ich den Schrank und huschte auf meinen Stuhl zurück. Wenig später kehrte die Alte mit dem Schnaps zurück.

»Das Rezept stammt noch von meinem Vater«, sagte sie stolz. Als sie zum Küchenschrank ging, blieb mein Herz für ein paar Sekunden stehen. Hatte ich die Dose wieder an den richtigen Platz gestellt? Schein-

bar wohl, die Alte ließ sich jedenfalls nichts anmerken und kam mit einem altmodischen Schnapsglas zurück. Sie schenkte reichlich ein.

»Dann zum Wohl, Herr ... Herr ...«

»Peter«, sagte ich schnell. Was ging diese alte Krähe mein Name an?

Der Schnaps war verteufelt gut. Und die Alte schenkte großzügig nach. »Ich heiße Zeetje«, vertraute sie mir an. »Und ich war früher mal ein hübsches Mädchen.«

Oh Gott, dachte ich, jetzt macht die mich an. Wenn die nicht damit aufhört, ziehe ich ihr doch noch eins über den Schädel. Am besten so, dass sie gar nicht mehr aufwacht. Dann kann sie mich auch nicht wiedererkennen.

Alkohol macht mich ziemlich aggressiv. Trotzdem ließ ich mir nachschenken. Die Vorstellung, die Alte zu ermorden und in ihrem einsamen Keller zu verstecken, breitete sich mit rasender Geschwindigkeit in meinem Kopf aus. Vielleicht sollte ich sie packen und die Kellertreppe runterwerfen. Notfalls zwei- oder dreimal. Dann sieht es wie ein Unfall aus, dachte ich noch, bevor mir die Augen zufielen. Im Halbschlaf hörte ich, dass diese Zeetje telefonierte: »Ich hab einen, ich hab einen, beeil dich!«

Dann schlief ich endgültig ein.

Als ich zu mir kam, saß ich immer noch auf dem Stuhl. Ich war – ich schäme mich, das zuzugeben – vollkommen nackt. Und ich konnte mich nicht bewegen. Meine Hände waren auf dem Rücken zusammengebunden, meine Beine waren vom Knie abwärts an die Stuhlbeine gefesselt.

Ich war nicht allein in der Küche. Diese Zeetje war da, und dann noch zwei von ihrer Sorte, also zwei alte, schwarz gekleidete Witwen, die sie mir als Thea und Gerta vorstellte. Thea hielt eine abgesägte Schrotflinte in der rechten Hand. Und sie sah nicht gerade zimperlich aus. Ihre Augenbrauen waren über der Nase zusammengewachsen. So was mag ich nicht bei Frauen.

Gerta sprach als Erste. »Hast du schon mal eine Frau in unserem Alter geliebt?«

Ich starrte sie verständnislos an. Geliebt? Meinte sie damit, ob ich meine Tanten gern gehabt hatte, oder sprach sie etwa von körperlicher Liebe? Ich wagte nicht zu fragen.

»Also nicht.« Verächtlich zog Gerta ihre Mundwinkel herab. »Einer wie du schaut natürlich nur auf das Äußere. Auf Falten und graue Haare. Ob unsereins im Innersten noch jung geblieben ist, interessiert dich nicht.«

»Genau. Für dich sind wir alt und beschränkt, was?« Diese Zeetje hatte mittlerweile die Taschen meiner Jeans geleert. »Das mit den dreihundert Mark nehme ich dir besonders übel, Peter – oder soll ich lieber Ronny sagen?«

Aha, sie hatte meinen Personalausweis gefunden.

»Deine Geschichte war übrigens nicht besonders originell. Da haben wir schon bessere gehört. Zu Ostern war einer hier, der hatte angeblich epileptische Anfälle.« Die drei Witwen kicherten.

Keine Ahnung, ob jemand sich mein Entsetzen vorstellen kann. Auf meiner Stirn bildeten sich Schweißtropfen, die langsam über mein Gesicht rollten. Mit den gefesselten Händen konnte ich sie nicht einmal fortwischen. Den Weibern schien das zu gefallen. »Und – und was ist aus dem Mann geworden?« krächzte ich heiser.

So promt, wie ich es nie für möglich gehalten hätte, schnellte Zeetjes Stock vor und traf mich am Knie. »Die Fragen stellen wir, Bürschchen.«

Thea sah mich forschend an. »Kennst du Märchen?«

Ich nickte. Die drei nickten ebenfalls.

»Gut. Dann weißt du ja, wie das ist. Man bekommt drei Aufgaben gestellt. Und wenn man die erledigt, darf man die Prinzessin heiraten.«

Oh Gott, welche Prinzessin?, hätte ich am liebsten gefragt. Welche von euch drei Schachteln will eine Prinzessin sein? Aber in Anbetracht meiner etwas unglücklichen Lage wagte ich nicht, meine Bedenken zu äußern.

Zeetje fuchtelte mit dem Stock vor meiner Nase herum.

»Im Grunde ist es ja ganz einfach. Wir sind seit Jahren verwitwet. Und unsere Männer waren nicht gerade das, was man sich unter einem guten Liebhaber vorstellt. Auf diesem Gebiet haben wir also jede Menge Nachholbedarf. Und jetzt suchen wir einen, der es wirklich bringt. Einen jungen, so wie dich.«

Thea fuhr mit der abgesägten Flinte unter meinem Kinn entlang. »Wer es nicht bringt, landet übrigens bei Horst und Frieda. So, wie der angebliche Epileptiker.«

»Und der, der behauptete, blind zu sein!« Gerta grinste.

»Horst und Frieda?«, keuchte ich. Horst und Frieda, das hörte sich doch ganz gut an, oder? Irgendwie harmlos.

»Horst und Frieda sind meine Schweine. Schweine sind Allesfresser, wusstest du das, Ronny?« In Zeetjes Augen begann es boshaft zu funkeln. »Die Knochen, die übrig bleiben, werfen wir immer in den alten Brunnen hinter dem Haus. Da hat sich in den letzten Jahren schon einiges angesammelt.«

Das war heute Nachmittag. Inzwischen ist es draußen dunkel. Ich liege auf Zeetjes Ehebett. Arme und Beine an die Bettpfosten gefesselt. Meine linke Schulter schmerzt höllisch. Ich habe versucht zu entkommen. Aber diese Thea hat, ohne mit der Wimper zu zucken, geschossen.

Ich glaube nicht, dass ich es bringen werde. Und selbst wenn, an Märchen glaube ich schon lange nicht mehr.

Wortspiele beim Tee

Wenn Zeetje und Thea und Gerta sich nicht um die Ronnys dieser Welt kümmern müssen, vertreiben sie sich ihre Zeit beim Teetrinken mit Wortspielen wie diesen:

Welches Wort passt vor die drei Begriffe?

Beispiel: Spaziergang, Brand, Beeren
Lösung: Wald = Waldspaziergang, Waldbrand und Waldbeeren

I.
Feige, Ring, Wurm

II.
Büro, Koffer, Bericht

III.
Tag, Mal, Sprache

IV.
Wirt, Frau, Arbeit

Der letzte Vorhang

Ralf Kramp

Wenn man ihn so sieht, kann man kaum glauben, dass es Zeiten gegeben hat, in denen er einmal die Herzen aller Theaterbesucherinnen im Sturm erobert und auch den meisten seiner schwulen Kollegen den Kopf verdreht hat. Da kann man noch so sehr versuchen, sich vorzustellen, dass diese schlaffen, welken Lippen mal geküsst haben sollen, als sei Feuer durch sie geflossen. Das ist natürlich eine halbe Ewigkeit her. Jetzt trägt er nicht einmal mehr das olle Toupet, das fransige Ding, unter dem im Nacken seine letzten weißen Haare herausgeguckt haben. Als er hierher kam, war er kein übler Knabe, der alte Delft. Konnte noch allein aufs Klo und hat uns Pflegerinnen immer in den Hintern gekniffen. Spielte immer ein wenig den Gockel. Kein Wunder. All die alten Omis vergötterten ihn. Sie haben ihn ja noch live auf der Bühne oder im Kintopp gesehen. Ich bin zu jung dazu. Ab und zu kam ein oller Schinken im Fernsehen, in dem er eine Nebenrolle gespielt hat, oder man hat ihn für eine Talkshow noch mal aus der Versenkung geholt. Dann war der Fernsehsaal bei uns im Heim brechend voll.

Irgendwann ist es dann ziemlich rapide bergab gegangen mit ihm. Das war im Frühjahr, als der Neue gekommen ist. Eine wirklich tragische Geschichte ...

»Du sollst eine Elfe spielen, Herzchen. Du musst schon versuchen, die kleinen Füßchen ein bisschen vom Boden zu bekommen, wenn du *tänzelst*. Sonst ist das nämlich kein *Tänzeln*, sondern vielmehr ein richtiges *Getrampel*, das du hier veranstaltest, verstehst du?« Delft ließ keinen Zweifel daran, dass er die feste Absicht hatte, sie zu kränken. Frau Siebenkötter klammerte ihre kleinen fetten Finger ganz fest um das Blumensträußchen. Mit heftig flackernden Augenlidern schickte sie Hilfe suchend ihren Blick von der Bühne hinunter in die Schwärze des Zuschauerraums. Irgendwo da unten saß Frau Eigen, die Regisseurin, und sagte kein Wort. Sie sagte nie ein Wort. Und das war das einzige Talent, dem sie es verdankte, dass Delft sie zu der Spielleiterin ihrer kleinen Theatergruppe im Heim gemacht hatte. Elisabeth Eigen hatte sich in all den Jahren noch niemals zu einer Regieanweisung hinreißen lassen, die ihr Delft nicht lautstark vorgegeben hatte. Delft war ein Mann mit lebenslanger Bühnenerfahrung, und er hätte es sich niemals nehmen lassen, sich auch in dieser Rolle auf der Bühne zu produzieren.

»Lisbeth, sag ihr, dass sie trampelt! Spielen wir hier den Sommernachtstraum oder ist das ein Brauereipferdrennen?« Delft, dessen Gesicht unter einer albernen Eselsmaske verborgen war, wie es die Rolle des Zettel verlangte, hockte auf dem Boden, angelehnt an die spitzen Knie der Elfenkönigin Titania, einer klapprigen alten Dame mit wirrem silberweißem Haar und einem ostpreußischen Dialekt, dass es einem nur so grauste. Alles lauschte in die Dunkelheit hinein.

»Du hast da nicht ganz Unrecht, Alexander«, kam näselnd eine zaghafte Stimme vom anderen Ende des Saales. »Es war wirklich nicht ganz so, wie man sich eine Elfe ...«

»Sie trampelt, dass die Bühne wackelt!«, schrie Delft und riss sich die Eselsmaske vom Kopf. Die dicke Elfe brach in Tränen aus. Ihr fettes Kinn zitterte und das kleine Blumensträußchen fiel ihr aus der Hand. Scheinbar mühelos erhob sich der alte Mann aus dem Schneidersitz und schickte sich an, die Bühne zu verlassen. »Holt mich, wenn ihr fertig seid. Die Aufführung ist ja erst in drei Wochen! Ich bin in meinem Zimmer, wenn ihr mich sucht!«

Und dann inszenierte der große Alexander Delft einen seiner legendären Abgänge. Der sechsundsiebzigjährige beugte seinen Oberkörper hinunter, stützte sich mit den ausgestreckten Fingern seiner Rechten auf dem Parkett ab und schwang sich mit ungebrochener Eleganz in einem Satz von der Bühne.

Was für ein Haufen talentloser Greise! Sie konnten sich keine fünf zusammenhängenden Textzeilen merken, sie nuschelten mit ihren dritten Zähnen so sehr, dass für das Publikum ab Reihe drei schon der Text im Programmheft abgedruckt werden musste, und sie bewegten ihre Körper mit der Grazie eines rostigen alten Drahtesels. Seit fünf Jahren unterzog er sich nun schon der Tortur, mit diesen dritt- bis sechstklassigen Laien ein Stück auf die Bretter zu bringen. Doch egal, was er ihnen auch abforderte – ob Shakespeare, Lessing oder auch nur ein paar leicht verdauliche Häppchen vom unverwüstlichen Curt Goetz – sie dilettierten herum, was das Zeug hielt. Sie hatten Schlaganfälle, Blutstürze oder starben ihm einfach aus den Proben weg.

Er würde jetzt in sein Zimmer gehen, ein bisschen vor sich hinfluchen, sich einen Schluck aus der Schnapsflasche genehmigen und dann ein paar wirklich theatralische Gesten vor dem Spiegel vollführen. Und dabei würde er sich sagen, dass es sich nicht lohnte, solch ein Aufhebens um ein paar untalentierte Mummelgreise und alte Schachteln zu machen, denn im Grunde genommen – das schoss ihm immer wieder bei solchen Gelegenheiten durch den Kopf – war es ja gerade ihr Unvermögen, das bei der Vorführung am Pfingstsonntag seinen Stern umso heller strahlen lassen würde. Sicherlich hatte er das nicht nötig, aber es war ein Genuss, wenn er hinterher von der Heimleitung zugeraunt bekam: »Rührend, wirklich rührend. Die geben sich ja viel Mühe, die alten Leutchen, aber ich brauche Ihnen wohl kaum zu sagen, dass Sie der Star des Ensembles sind, Herr Delft.«

Er hatte nicht in Düsseldorf bei Gründgens gelernt und ein halbes Jahrhundert alle großen Bühnen Deutschlands bespielt, um hier glanzlos in der Masse graugesichtiger alter Bettnässer unterzugehen. Er würde bis zu seinem letzten Atemzug allen zeigen, dass er Alexander Delft war, der Mann mit dem bleistiftstrichdünnen Menjoubärtchen, wegen dem sich früher die Frauen an der Abendkasse um die letzten Karten geprügelt hatten.

Hier konnte ihm keiner das Wasser reichen! Keiner hatte es je geschafft, ihn künstlerisch herauszufordern. Nur einmal, ... Eine Erinnerung flackerte auf, die er rasch beiseite schob.

Er rauschte durch den Saal an der Eigen vorbei, die aufgeschreckt ihre Zigarette vor ihm zu verbergen versuchte, und wäre am Ausgang fast mit einem Mann zusammengestoßen, der in der Dunkelheit breitbeinig im Gang stand. Delft musterte ihn. Er war ein stattlicher Siebziger mit schütterem Haar und einem energischen Kinn, der ihm die Hand entgegenstreckte.

»Herr Delft«, sagte der Mann mit freudigem Unterton. Das war eine Stimme, die Räume füllen konnte. Verunsichert musterte Delft den Fremden und schüttelte ihm mechanisch die Hand. »Mein Name ist Hunger. Theo Hunger. Ich bewundere Sie schon sehr lange.«

»Sie sind neu hier?«

Der Mann nickte eifrig. »Schwester Monika sagte, dass es hier eine Laienspielgruppe gibt. Ich habe so was schon mal gemacht. Ich dachte, Sie hätten vielleicht Verwendung für einen alten Knaben wie mich.«

»Kommen Sie mit«, sagte Delft knapp, wirbelte noch einmal herum, um seine geballte Empörung zur Bühne zu schleudern – das gehörte zu dieser Art Abgang dazu – und verließ den Saal, wobei ihm der Neue, der ihm auf dem Fuß folgte, den unvergleichlichen Genuss des Türenknallens vermasselte.

In Delfts Zimmer betrachtete Hunger staunend die alten Theaterplakate an der Wand. Es gab auch alte Fotos, auf denen Delft mit Fritz Kortner posierte oder die Flickenschildt im Arm hielt. Hunger murmelte ununterbrochen Namen vor sich hin, während er an den Wänden entlangspazierte.

»Sie kennen die alle?«, fragte Delft beiläufig, während er die Schnapsflasche aus ihrem Versteck in einer Lautsprecherbox hervorholte. »Dann sind wir die Einzigen in diesem gottverdammten Haus. Banausen allesamt. Keinen blassen Schimmer vom Theater. Wo haben Sie gespielt?«

Hunger drehte sich herum und hob abwehrend die Hände. »Das waren nur Laienbühnen. Nicht besonders gut, eigentlich ziemlich unprofessionell. Aber es macht Spaß, wissen Sie ...«

Delft lachte und schenkte Schnaps in kleine Gläser. »Wer wüsste das besser als ich!«

»Ich dachte, ich könnte vielleicht ... es könnte ja sein, dass Sie noch jemanden ... Ich habe im Sommernachtstraum schon mal den Oberon gespielt. Auch den Zettel, aber der ist ja schon vorzüglich besetzt.« Hungers Lächeln war gewinnend.

Delft musterte ihn kritisch und wiegte den Kopf hin und her. »Oberon? Der Elfenkönig? Wir sind drei Wochen vor der Aufführung. Und trotzdem ...« Er umrundete den Neuen mit kleinen Schritten. »Opa Pohl spielt ihn. Er ist ein grässlicher alter Sack. Er spuckt alle Mitspieler beim Sprechen an. Außerdem ist er ein echtes Risiko. Er hat schon einen Infarkt hinter sich, und vorige Woche hat Schwester Ines Pornoheftchen unter seiner Matratze gefunden.« Dann reichte er Hunger das Glas und sagte: »Und jetzt legen Sie mal los ... Dritter Akt, zweite Szene!«

Der Protest von Opa Pohl verhallte ungehört. Schon am nächsten Tag hängte sich Hunger das Herrschergewand um; das alte Fräulein Blechschmidt hatte es aus den ehemaligen Vorhängen des Speisesaals genäht. Hunger las seinen Text noch vom Blatt ab, aber schon jetzt war deutlich, dass er seine Rolle sehr wohl noch von früher beherrschte. In die Augen seiner Titania trat ein schwärmerischer Glanz, und zum ersten Mal klangen die Worte, die Shakespeare der Titania beim Versöhnungsdialog in den Mund legt, nicht mehr so als würde jemand ein Backrezept herunterleiern.

In der darauffolgenden Woche hatte Hunger seinen Text wieder voll im Griff. Seine Bewegungen waren majestätisch, und seine Stimme drang bis in die letzten Winkel des Saales. Gerda Hunsrück, die kleinwüchsige Oma mit der dicken Hornbrille, die den Waldgeist Puck spielte, wäre einmal fast von der Bühne gefallen, weil sie schon seit ein paar Tagen ihren Blick nicht mehr von Hungers kraftvollen Gesten abwenden konnte. Hülshorst, der einbeinige Souffleur, fing sie gerade noch rechtzeitig auf. Opa Pohl, der keine Probe ausließ, um fortan das Geschehen auf der Bühne mit zotigen Zwischenrufen zu torpedieren, fiel fast vom Stuhl vor Lachen.

Delft beobachtete die Entwicklung des Neuzugangs zunächst mit Verwunderung. So etwas war noch nie zuvor geschehen. Dieser Hunger war ein alter Mann, genau wie er. Er schaffte den Sprung von der Bühne zwar nicht halb so elegant wie er, und seine S-Laute waren ein kleines bisschen zu zischelnd für Delfts Geschmack, aber es ließ sich einfach nicht leugnen, dass Hunger ein echtes Talent war. Er war eine wirkliche Bereicherung für die Truppe.

Er war gut.

Er war zu gut.

Und diese Erkenntnis kam Delft erst eine Woche vor der Aufführung, als Oberon sich zum leeren Zuschauerraum wandte, sich mit einem gewinnenden Lächeln an das imaginäre Publikum wandte und seine letzten Worte sprach: »Nun genug! Fort im Sprung! Trefft mich in der Dämmerung!«

Mit einem Mal ertönte ein zaghaftes Klatschen aus der Schwärze des großen Raumes, und Elisabeth Eigen, der nichts auf der Welt so fremd war, wie eine freie Meinungsäußerung, kam wie in Trance an die Bühne und blickte bewundernd zu Hunger hinauf.

»Genauso habe ich es mir vorgestellt, Herr Hunger. Genauso!«

Delft, der alles aus dem Dunkel der zweiten Reihe heraus beobachtete, wollte protestieren, hätte am liebsten dazwischengerufen, dass Oberons Tonfall viel zu vertraulich, seine Botschaft an das Publikum zu kumpelhaft herüberkam, aber er biss die Zähne aufeinander und schwieg.

Er schwieg, weil er erkannte, dass Hunger diese Rolle besser füllte, als jeder, den er in der letzten Zeit gesehen hatte. Um sich abzureagieren, schmiss er erst einmal Opa Pohl aus dem Saal, weil dieser es gewagt hatte, auf zwei Fingern zu pfeifen.

Draußen wanderte Delft dann ruhelos im lindgrün gestrichenen Flur auf und ab und blickte dem schimpfenden Opa Pohl nach, der im Fahrstuhl verschwand. Im Hintergrund ertönte die sonore Stimme Schwester Hiltruds, die gerade dabei war, einer Gruppe Senioren die neuesten Schlagzeilen aus der Tageszeitung vorzulesen. Im Fernsehraum saß, wie immer, einsam und verlassen Frau Nölle und bekam einen ihrer infernalischen Hustenanfälle, und irgendwo um die Ecke musste der olle Sebald herumlungern, der den lieben langen Tag im regelmäßigen Abstand von zwei Minuten:

»Nu mal los!« brüllte. All das schwoll in Delfts Kopf zu einem undurchdringlichen Lärm an, der ihm fast den Verstand raubte. »Nu mal los!«, schrie Sebald heiser. Diesmal direkt neben Delfts Ohr.

Und da wusste er, was er zu tun hatte.

Genauso war es damals gewesen. Im vorigen Jahr. Sie hatten drei Einakter von Curt Goetz einstudiert. Da war kein Platz für dramatische Gesten und ausgefeilte Mimik, da war die Sprache einfach, der Text durchschaubar gewesen. Und doch gab es Schauspieler, die es verstanden, aus solchen Kabinettstückchen wahre Gemmen der Schauspielkunst zu zaubern. Er, Alexander Delft, beherrschte das natürlich.

Aber dann war sie gekommen. Diese Frau mit dem kaum wahrnehmbaren wienerischen Schmelz in der Stimme. Sie waren sehr schnell beim Vornamen und beim »du« angelangt. Sie hieß Constanze. Ein Name, der so edel klang, dass es eine wahre Freude war, ihn langsam auszusprechen, ihn zärtlich in ihr Ohr zu flüstern. Constanze hatte ihm den Kopf verdreht. Für einen Moment hatte er geglaubt, dass diese Frau seine Bestimmung war, dass sie es war, die ihn bis an sein Lebensende begleiten sollte. Sie stand so hoch über all diesen hohlwangigen und hohlköpfigen alten Irren ringsumher!

Aber auch sie war zu gut gewesen.

Sie hätte ihm den Applaus geraubt, wenn sie an seiner Seite aufgetreten wäre. Den Ruhm, die Bewunderung, den Glanz ... das Einzige, was ihm noch geblieben war.

Er hatte es nicht zulassen können.

»Nu mal los!«, schrie der olle Sebald wieder kehlig und dröhnend.

Die Tür vom Saal öffnete sich und Theo Hunger trat in den Flur hinaus. Suchend wandte er den Kopf hin und her und eilte schließlich auf Delft zu. »Waren sie zufrieden, Herr Delft? Frau Eigen und die anderen behaupten, es sei ganz gut so, wie ich's gemacht habe. Aber es ist einzig und allein Ihr Urteil, das für mich zählt.« Die Augen wirkten sonderbar vital für einen Mann seines Alters. Delft wusste genau, was sein Gegenüber gerade empfand. Der Erfolg ist wie eine Droge. Er treibt einen in Ekstase, aber wenn er einem weggenommen wird, geht man vor die Hunde.

»Das war große Kunst, Herr Hunger«, sagte Delft aufrichtig. »Unter Kollegen duzt man sich. Ich bin Alex.« Dann reichte er ihm die Hand. Hunger zögerte einen Augenblick und ergriff sie. »Ich bin Theo.«

»Wir sollten das heute Abend bei einem Schnaps besiegeln«, schlug Delft vor und spürte, wie ihm elend wurde. Was jetzt geschah, war nicht mehr abzuwenden. »Auf meinem Zimmer, um zehn Uhr.«

Hunger brachte Cognac mit. Delft nickte anerkennend und holte Gläser hervor.

»Ich dachte, das ist angemessen, in Anbetracht der feierlichen Stunde«, sagte Hunger und schenkte ein. »Ich hätte nie gedacht, einmal von einer Legende wie Ihnen das Du angeboten zu bekommen.«

Delft winkte mit falscher Bescheidenheit ab.

»Sie sind sehr begabt«, sagte er und stieß mit Hunger an. »Verzeihung, du bist sehr begabt. Prost!«

Er würde es genauso machen wie im vorigen Jahr. Es war eine einfache Methode. Unauffällig, schnell und absolut passend in einem Haus wie diesem. Hunger war ein alter Mann, und wenn er ausreichend Alkohol in der Blutbahn hatte, würde alles ein Kinderspiel sein.

»Warum hast du nie daran gedacht, eine Schauspielschule zu besuchen?«

Hunger lachte. »Damals, nach dem Krieg, da hatten wir in unserer Familie anderes zu tun. Meine Schwester und ich, wir haben unsere Eltern früh verloren. Wir wuchsen bei einem Onkel in Österreich auf. Harte Zeiten. Wir haben ganz schön zupacken müssen. Du siehst ...« Er warf die Hände in die Luft. »Keine Zeit für die schönen Künste.«

Delft schenkte nach. Und dann begann er zu erzählen. Von Gründgens und der Hoppe, von der Bergner und von Minetti. Und Hunger klebte förmlich an seinen Lippen.

Um zwölf Uhr war die Cognacflasche fast leer. Aus den Augenwinkeln heraus beobachtete Delft, wie Hunger beim Aufstehen merklich schwankte.

Auch Constanze hatte geschwankt. Sie hatte gekichert und verschämt die Hand vor den Mund gehalten. »Ich glaube«, so hatte sie in jener Nacht gesagt, »ich habe einen Schwips.« Und dann hatte er ihr versprochen, sie noch bis zu ihrem Zimmer zu begleiten. »Aber nur bis an die Tür«, hatte die zierliche alte Dame gesagt und schelmisch den Zeigefinger erhoben.

»Du hast zuviel getrunken, Theo«, sagte Delft und bemühte sich, es möglichst angesäuselt klingen zu lassen. In der Nähe des Blumentopfes hing schwerer Cognacgeruch in der Luft. Hoffentlich bemerkte es Hunger nicht. »Ich werde dich noch zu deinem Zimmer begleiten, alter Knabe!« Und dann packte er seinen Gast am Ellbogen und schob ihn zur Tür hinaus. Sie hielten beide den Zeigefinger vor den gespitzten Mund und sahen sich schelmisch an. Während sie den Flur entlangtappten und sich bemühten, dem Lichtschein der Notbeleuchtung auszuweichen, sahen sie aus, wie einer launigen Schwarzweißklamotte entsprungen.

Es war ein altes Haus, die ehemalige Villa einer Industriellenfamilie, am Rande einer stillgelegten Zechenanlage. Die Flure waren hoch und breit und zerschnitten das Haus der Länge nach. Es gab einen Anbau aus den siebziger Jahren, den »gelben Trakt«, in dem die schwerst Pflegebedürftigen untergebracht waren. Diejenigen, die sich nicht mehr allein bewegen konnten, die keinen einzigen Muskel mehr unter Kontrolle hatten. Delft nannte sie immer verächtlich die »Fässer ohne Boden«, weil alles, was man oben in sie hineinfüllte, fast augenblicklich an irgendeiner anderen Stelle des Körpers wieder hinausschoss.

Am Ende des langen Flures gab es ein altes Treppenhaus, in dem es nach Bohnerwachs roch und an dessen Wänden alte Kupferstiche aufgereiht waren.

Als sie sich dem Treppenabsatz näherten, war da plötzlich wieder Constanzes Stimme in seinem Kopf. Sie hatte damals seinen Namen geflüstert, mit ihrem unverwechselbaren österreichischen Klang, »Alexander«, immer wieder, und sie waren immer näher an die oberste Stufe gelangt, an deren Seite sich das gähnende Loch auftat, in das sich die Treppe drei Stockwerke lang hinunterwand. Sie war ja so ahnungslos gewesen.

Jetzt stand Hunger vor dem Abgrund. Delft war ein paar Schritte zurückgeblieben und hatte ihn weitertaumeln lassen. Das, was nun geschehen würde, schmerzte ihn. Es gab nicht viele gute Schauspieler in ihrem Alter. Es war ein Verlust, so wie es damals bei Constanze ein Verlust gewesen war.

Delft holte aus. Die ganze Kraft seines alten Körpers konzentrierte sich in seine sehnigen Hände, die nach vorne schossen, auf Hungers Rücken zu.

Aber wie durch ein Wunder war da plötzlich nichts mehr. Delfts Finger griffen ins Nichts. Er sah mit einem Mal die Stufen auf sich zustürmen, sah die Kupferstiche und das geschnitzte Treppengeländer in einem wilden Strudel an sich vorbeischießen, er spürte, wie der Luftzug ihm das Toupet vom Kopf riss, er hörte das Krachen seiner eigenen Knochen, als er zum ersten Mal auf den hölzernen Treppenstufen aufschlug, er spürte, wie die Wucht des Aufpralls ihn vom Treppenabsatz zurückschleuderte und ihn noch weitere Stufen hinunterrollen ließ. Im darunter liegenden Stockwerk blieb er bewegungslos liegen.

Er versuchte zu schreien, aber kein Ton drang aus seiner Kehle.

Er versuchte, sich zu bewegen, aber nicht einmal seine Finger konnte er krümmen.

Dann waren da plötzlich Menschen. Opa Pohl beugte sich über ihn und stammelte etwas, das ohne sein Gebiss unmöglich zu verstehen war. Andere Hausbewohner kamen näher. Ihre entsetzten Stimmen wirbelten durcheinander, als sie sahen, was sich ereignet hatte.

Und dann war da noch eine männliche Stimme ganz dicht bei seinem Ohr. »So war es doch, als du sie hinuntergestoßen hast, nicht wahr?« Hunger flüsterte so, dass die anderen ihn nicht hören konnten. Und zum ersten Mal entdeckte Delft, dass da ein kaum merklicher wienerischer Akzent in seinen Worten mitschwang. »Meine Schwester und ich, wir wären zu gerne Schauspieler geworden, weißt du? Constanze war so talentiert. Und sie schrieb mir, wie froh sie war, dass sie auf ihre alten Tage noch die Bekanntschaft eines so berühmten Schauspielers gemacht hat. Was für ein bedauernswerter Unfall. Ich musste hierher, um herauszufinden, was passiert ist.«

Als die Schwestern kamen, war Delft bereits bewusstlos.

... eine wirklich tragische Geschichte, da war ich glaube ich stehen geblieben. Bis heute weiß keiner, warum Delft mitten in der Nacht im Haus herumgegeistert ist. Vielleicht war er doch nicht mehr so klar im Kopf, wie wir vom Personal immer gedacht haben. Jetzt zwickt er uns jedenfalls nicht mehr in den Hintern.

Er wohnt jetzt im »gelben Trakt«. Seine Wirbelsäule haben sie zusammengelötet wie ein altes Regenrohr. Der olle Sebald rollt ihn den lieben langen Tag durch's Haus. Er schreit zwar alle zehn Schritte »Nu mal los«, aber das stört den Delft wahrscheinlich sowieso nicht mehr.

Bei der Aufführung vom Sommernachtstraum, da war er anscheinend mächtig aufgeregt. Er zwinkert dann immer so wild mit den Augen. Na klar, was anderes kann er ja schließlich nicht mehr bewegen. Ich glaube, er war ganz begeistert, weil doch die Umbesetzung so glatt über die Bühne gegangen ist. Opa Pohl hat dann doch noch den Dings ... diesen Elfenkönig gespielt. Und Gott sei dank war da ja dieser Neue, dieser Herr Hunger, der hat die Rolle vom Herrn Delft übernommen. Alle hier liegen ihm zu Füßen. Sogar der Delft ist, glaube ich, ein richtiger Fan. Jedes Mal wenn Sebald ihn in den Saal rollt, zu den Proben zum neuen Stück, dann zwinkert er ganz heftig mit den Augen, so aufgeregt ist er.

Gehirn-Jogging im Theater

Theo Hungers großartige Fähigkeiten beschränkten sich nicht nur auf sein eigenes Spiel. Er wusste auch, wie er die »talentlosen Greise« so fördern konnte, dass sie nach und nach alle problemlos ihre Texte auswendig lernen konnten. Er führte das »Fünf-Minuten-Rätseln« ein, mit dem von nun an jede Theaterprobe eröffnet wurde. Opa Pohl hatte letztes Mal alle drei hintereinander gelöst:

I.

Das Erste ziehn wir abends an,
wenn Schuh und Stiefel ausgetan.
Der Zweite fürchtet keine Not,
»Tapfer voran!«, sein höchstes Gebot.
Das Ganze ist ein Hasenfuß,
der seinem Weib gehorchen muss.

II.
Das Erste oft über die Ufer tritt.
Das Zweite braucht man zu einem Ritt.
Das Ganze ein Dickhäuter, groß und schwer,
schwimmt träge im Ersten gefährlich umher.

III.
Die Erste schleicht auf schleimigen Sohlen.
Von der Zweiten kannst du dir Marken holen,
doch bringt sie dir auch Brief und Paket!
Das Ganze unendlich langsam geht.
Du kannst mit dem Ganzen reisen,
kommst sicher auch an's Ziel,
doch Tempo! Tempo!?
Da verlangst du zuviel!

Jeder ist seines Unglückes Schmied

Nina Schindler

»... immer noch bewusstlos ...«, hörte ich eine unbekannte Männerstimme beschwichtigend sagen, während ich mich wie eine Ertrinkende durch die Wogen von Übelkeit und Erschöpfung hoch kämpfte, die über mir zusammenzuschlagen drohten. Denn unter mir in der Tiefe lauerte der erlösende Schlaf – der Tod ...

»... kein Anlass zur Sorge, sie wird in ein paar Stunden wieder aufwachen ...«, redete die gleiche Stimme weiter, und dann sagte eine mir nur allzu bekannte: ».... entmündigen ...«

Scheißkerl.

Der eigene Sohn.

Mittlerweile war ich aus den dunklen Nebeln und verwirrenden Farbspielen wieder völlig aufgetaucht, aber entsetzlich matt. Was hatten mir die Weißkittel bloß gespritzt? Vorsichtshalber behielt ich die Augen weiter geschlossen, vielleicht erfuhr ich auf diese Weise noch mehr.

»... sind wir natürlich zutiefst besorgt ... Vorsichtsmaßnahme ... müssen wir sie vor sich selbst schützen ...«, kam wieder die Stimme meines eigen Fleisch und Blutes. Hätte ich ihn doch damals nach seiner Geburt sofort ersäuft! Obwohl: In den ersten Jahren hatten wir ihn auf unseren Reportagen rund um die Welt immer mitgeschleppt – und an diese Zeit hatte ich viele schöne Erinnerungen –, bis wir den Einflüsterungen der überängstlichen Verwandtschaft nachgaben und dem Kleinen eine erstklassige Internatsausbildung zukommen ließen. Ha! Was er da wohl gelernt hatte? Mütter abschieben!

»... hier in unserem Seniorenheim sicherlich bestens aufgehoben, bis Sie die Formalitäten erledigt haben.« Jetzt redete wieder der andere, sicherlich ein Weißkittel. Ich hob das rechte Lid einen Zehntelmillimeter, und da standen sie – mein Herr Sohn, das Miststück, und ein Weißkittel, und dort hinten an dem Tischchen im Sessel saß meine Schwiegertochter, die Pissnelke.

Mittlerweile wieder völlig klar bei Bewusstsein, bekam ich mit, wie mein Sohn sich vergewisserte, dass ich aus diesem Heim nicht einfach verschwinden könnte, »... es heißt ja nicht von ungefähr *Adlerhorst*, nicht wahr, ha ha ...«, und wie der Weißkittel ihn daraufhin beruhigte, nein, so hoch oben im Gebirge wäre es mit dem Transport schon etwas schwierig, und ich sei ja schließlich nicht in der eigenen Limousine vorgefahren, ha ha.

Langsam reimte ich mir zusammen, was geschehen war. Meine letzte Erinnerung waren Flammen, etwas hatte gebrannt! Warum war ich ärztlich behandelt worden? Ich testete, wie in alten Zeiten, der Reihe nach meine einzelnen Körperglieder durch, ob sie noch funktionsfähig waren, doch wie damals, nach dem Absturz im Himalaya, war ich offensichtlich völlig unverletzt davongekommen. Im Anschluss an den Brand hatte man mich sediert, und nun lag ich in einem Heim – einem Seniorenheim, irgendwo hoch oben im Gebirge.

Hatten mein Sohn, der Klugscheißer, und die Pissnelke es also geschafft! Ich wusste schon seit langem, dass sie scharf auf meine wunderschöne Altbauvilla und mein dickes Bankkonto waren, aber ich hatte nicht geahnt, dass sie zu derart kriminellen Machenschaften fähig waren. Ehrlich gesagt, hätte ich meinen Sohn für viel zu feige gehalten so etwas zu tun – wahrscheinlich war es das Werk der Pissnelke!

Nur gut, dass die beiden nicht wussten, dass ich gegen Psychopharmaka weitestgehend resistent war. Außerdem hatte ich seinerzeit sogar Curare und schlimmere Pfeilgifte locker überlebt.

Ich beschloss jetzt meinen Wiedereintritt in die Welt der Wachen, stöhnte leise und bewegte mich.

»Mutter! Mutter! Wie geht es dir?« Mit einem Satz war Bernd Boris an meinem Bett und beugte sich mit weit aufgerissenen Augen über mich. »Wir haben uns ja solche Sorgen um dich gemacht, nicht wahr, Priscilla?«

Die Pissnelke schnaubte als Bestätigung kurz durch die Nase und widmete sich dann weiter ihrer Illustrierten, während ich das erbärmliche Theater dieses greinenden Fünfzigjährigen über mich ergehen lassen musste, den ich unbedachterweise als Frucht meiner Liebe zu Arne Anton Kupsch in die Welt gesetzt hatte.

»Ach, Muttchen, du hast uns vielleicht einen Schrecken eingejagt! Du hast einen Zimmerbrand ausgelöst – ja, ja, wir haben dich gerade noch rechtzeitig aus der brennenden Küche herausholen können!«

Alle Alarmsirenen in meinem Hirn kreischten los! Küche? Brand? Ich hatte seit Wochen nicht mehr gekocht, weil mich die Küchenarbeit anödete. Mein Lieblingsgetränk war ohnehin kalte Stutenmilch – und falls die nicht vorhanden war, tat es kalte Kuhmilch. Wer immer diesen seltsamen Brand ausgelöst haben mochte – ich konnte es nicht gewesen sein, das war mal klar.

Ich sah ihm in die verlogene Visage und seufzte. »Wer hat mich gerettet?«

»Priscilla, Muttchen, stell dir vor!« Er strahlte.

Das stellte ich mir lieber nicht vor. Wahrscheinlich hatte sie mir einen Sandsack über den Schädel hauen müssen, damit ich das Bewusstsein verlor, denn mein Bewusstsein hatte ich nicht mal verloren, als wir bei der Suche nach dem Gral in dieser libyschen Felshöhle für kurze Zeit von riesigen Felsbrocken verschüttet worden waren.

Ich wandte mich an den Arzt, der bisher geschwiegen hatte.

»Wann kann ich wieder nach Hause, Herr Doktor?«

Auch wenn ich die Satzfetzen zuvor nicht mitbekommen hätte, wäre mir der kurze Blickwechsel zwischen Bernd Boris und dem Weißkittel sofort aufgefallen.

»Äh, Gnä' Frau, mit der Entlassung wird es wohl so schnell nichts werden – wir wollen Sie noch ein Weilchen beobachten, und Sie sollen sich hier erst mal ausgiebig erholen –«

»Und wo bin ich hier?«, unterbrach ich ihn.

»Im, ähem, *Seniorenheim Adlerhorst*!«

Gütiger Himmel, der Kerl besaß ja noch einen Rest von Scham, sein Gesicht rötete sich schuldbewusst, bevor er sich abwandte und irgendeinen Namen mumelte, den ich aber trotz meines immer noch hervorragenden Gehörs nicht verstehen konnte.

»Hier ist es ausgesprochen luxuriös, wie in einem Vier-Sterne-Hotel«, brabbelte der nichtswürdige Spross meines Uterus. »Dir wird es hier bestimmt prächtig gefallen, und wir werden inzwischen deine Küche renovieren!«

Das konnte ich mir denken, denn deren Ausstattung hätte seinen Gourmet-Ansprüchen nie genügt! In der Zwischenzeit wollten sie mich dann wohl entmündigen lassen, und ich würde hier versauern – fernab der großen, bunten weiten Welt, die ich so liebte.

Ich stöhnte wieder und schloss die Augen.

»Siehst du, es hat dich schlimmer mitgenommen, als du wahrhaben willst«, plapperte er weiter. »Ruh' dich schön aus, Muttchen. Prissie und ich werden dich auch ganz oft besuchen!«

Das klang ja schlimmer als Einzelhaft.

Ich schlug die Augen wieder auf und zwang mich zu einem Lächeln, wie damals bei dem schwarzen Häuptling, der mich, ohne zu fragen, zu seiner dreiundzwanzigsten Frau erkoren hatte.

»Und wo ist Konrad?«

»Dein Enkel wird dich natürlich auch besuchen kommen«, versicherte er und zwinkerte mir verschwörerisch zu. »Ihr beide habt euch ja immer großartig verstanden. Da wird er, trotz all seiner Studien, für dich sicherlich auch mal Zeit finden können.«

»Das würde mich wundern.«

Meinen einzigen Enkel hatte ich seit vielen Jahren nicht mehr zu Gesicht bekommen: Zuerst wollten seine Eltern ihn vor dem hochgefährlichen Einfluss schützen, den Arne Anton und ich auf unseren einzigen Enkelsohn ausüben könnten, und dann hatte es zwischen ihm und seinen Eltern einen grässlichen Streit gegeben, woraufhin Konrad nach Berlin gezogen war und sich nie wieder hatte blicken lassen. Ich muss gestehen, als Frau der Tat fällt mir das Briefeschreiben schwer, und so hatte sich unser Kontakt während der letzten Jahre auf Geburtstags- und Weihnachtskarten von seiner Seite und Schecks von meiner Seite beschränkt.

Ich schloss wieder die Augen und sagte: »Ich bin sehr müde. Das Medikament wirkt anscheinend immer noch …«

»Oh ja, das sollte eigentlich noch ein paar Stunden vorhalten«, bestätigte der Weißkittel eifrig, bevor ihm mein Sohn das Wort abschnitt: »Aber, aber, Dr. Glotterberg, bitte keine Fachgespräche. Meine Mutter ist offensichtlich doch noch sehr erholungsbedürftig!«

Ich antwortete mit dezent leisen Schnarchtönen, und alle drei verließen daraufhin rasch das Zimmer. Sofort schoss ich in die Höhe und inspizierte meine Umgebung, während ich gleichzeitig verzweifelt über Ausbruchspläne grübelte – wie damals, als Arne Anton und ich von den Teufelsanbetern gefangen gehalten wurden und es drei Tage voller Folterqualen dauerte, bis uns die Flucht gelang.

Ein normales Hotelzimmer der Güteklasse drei, mit Fernseher, aber ohne Bar. Ich schlüpfte aus dem Bett, wartete, bis mein Gleichgewichtssinn wieder störungsfrei funktionierte, und schlich zur Tür. Abgeschlossen. Aha.

Gefangen.

Eine andere Tür führte ins Badezimmer, und im Schrank hingen meine Kleider – mehrere Ausstattungen, offensichtlich hatte die Pissnelke in meinen Schränken herumgewühlt.

Ich legte mich zurück ins Bett und analysierte die Situation.

Ich wusste natürlich schon lange, das Bernd Boris und seine Tussi scharf auf mein Vermögen waren, aber ich hätte nie gedacht, dass sie zu solch drastischen Maßnahmen greifen würden. Damit zeigten sich einige der Vorfälle der letzten Zeit in ganz neuem Licht: als mir jemand im Kino heimlich die etwas zu klein gekauften und deshalb erleichtert abgestreiften *Dior*-Schuhe geklaut hatte und ich gezwungen gewesen war, auf Strümpfen nach Hause zu gehen, was ein paar freche Bemerkungen seitens der Taxifahrerin und einiger Nachbarn zur Folge gehabt hatte. Oder als ich mir nach dem Diebstahl meiner Handtasche inklusive Hausschlüssel den Rückweg in mein Haus via Kastanienbaum und Abflussrohr suchen musste. Leider hatte man meinen furchtlosen

Klettereinsatz aus dem Nachbarhaus mit törichten aufmunternden Bemerkungen geglaubt begleiten zu müssen. Außerdem war ich neulich einer telefonischen und durchaus glaubwürdigen Einladung einer großen Illustrierten zu einem ausführlichen Interview nach Hamburg gefolgt, in deren Redaktion peinlicherweise niemand etwas von dem Termin wusste, sodass ich schließlich gedemütigt und verärgert wieder nach Hause fuhr.

Das war nicht zufällig passiert – das war sorgsam inszeniert worden, und plötzlich wurde mir auch klar, welches kranke Hirn sich das alles ausgebrütet haben musste: die Pissnelke, die noch gieriger und gewissenloser als mein Sohn war. Die würde keine Skrupel haben, mich für verrückt erklären zu lassen. Mit geheucheltem Bedauern würde sie erzählen: Wissen Sie, früher war meine Schwiegermutter ja eine ganz außergewöhnliche Frau, sehr patent, aber seit einigen Jahren – vor allem seit dem Tod ihres Mannes, na ja, Sie wissen ja, beginnende Senilität …, und dabei würde sie vielsagend die Wimpern flattern lassen und sich ein gequältes Lächeln abringen: ganz die tief traurige Anverwandte.

Ich schob mir das Kissen im Rücken zurecht und dankte dem Himmel, dass Arne Anton das nicht erleben musste. Der war vor drei Jahren am Schreibtisch für immer friedlich eingenickt, und seitdem warteten diese beiden kleinkarierten Spießbürger auf eine Möglichkeit, mich loszuwerden. Da ich mich aber bester Gesundheit erfreute – kein Wunder nach so vielen Jahren Überlebenstraining in Urwald, Steppe und Wüste –, inszenierten sie jetzt also umsichtig meine Altersverwirrtheit, um mich dann als Entmündigte abschieben zu können.

Ich starrte aus dem Fenster in die eintönige Szenerie: wie in einem Heidi-Film, nichts als Felshänge und grüne Matten. Dass es so einmal enden würde!

Arne Anton und ich hatten uns in den Vierzigern kennen gelernt, als wir uns beide unabhängig voneinander um ein Interview mit Stalin bemühten und uns noch am gleichen Tag in den gefürchteten Kerkern des KGB wiederfanden. Schon am nächsten Tag gelang uns die gemeinsame Flucht – noch viele sollten folgen, bis hin zu dem spektakulären Ausbruch aus der Gefangenschaft einer amerikanischen Sekte vor zehn Jahren.

In den Fünfzigern hatten wir als erste den Yeti aufgespürt, in den Sechzigern war unser größter Knüller ein Filmbericht von Nessies Unterwasserhöhle, in den Siebzigern hatten wir den Amazonas bis zur Quelle bereist und sowohl Giftpfeilen als auch Piranhas erfolgreich getrotzt. In den Achtzigern war uns unser größter Coup geglückt: Wir hatten bei langwierigen Tieftauchexpeditionen Atlantis entdeckt – und alles gefilmt. Arne Anton und Romy-Lene Kupsch waren jahrzehntelang das unschlagbare Reporterteam gewesen. Als unseren einzigen Fehler würde ich im Nachhinein die Zeugung unseres einzigen Kindes sehen – ein Schwächling, ein fantasieloser Feigling, ein langweiliger Opportunist, kurzum: der richtige Mann für die Pissnelke.

Doch das sehnsüchtige Erinnern an vergangene Ruhmeszeiten als rasende Reporter würde mir aus dieser Bredouille hier nicht heraushelfen.

In den folgenden Tagen erkundete ich das *Seniorenheim Adlerhorst* und prüfte die Pfleger und Schwestern nach ihrer Tauglichkeit, mir hier wieder herauszuhelfen.

Das Heim war so öde wie seine Umgebung, die Insassen debil, senil oder vom Alzheimer gekniffen, und mittendrin saß ich quietschfidele Fünfundsiebzigerin, völlig im Besitz meiner geistigen Kräfte und körperlich fitter als die meisten vom Personal. Das war jedoch offensichtlich angewiesen worden, nicht mit mir zu reden. Wann immer ich einen Vorstoß wagte, erntete ich ein beschwichtigendes Lächeln oder gleichgültiges Grunzen – ein eindeutiges Zeichen dafür, dass man ihnen über mich etwas erzählt hatte, das alle meine Behauptungen und Argumente in äußerst schiefem Licht erscheinen ließ.

Bei einer Hilfspflegerin fand ich schließlich einen Funken Mitleid. Für größere Ausbruchsaktionen hätte der nicht ausgereicht, also benutzte ich sie nur als Kurier und schrieb meinem einzigen Enkel, ich würde umgehend seinen Besuch erwarten, weil ich eine sehr wichtige Angelegenheit mit ihm durchsprechen müsste.

Es bedurfte noch zweier weiterer Briefe, bis er die weite Reise antrat – im dritten hatte ich ihm ganz unverblümt die totale Enterbung angedroht, und zwar nicht etwa in pekuniärer Hinsicht, denn Geld hatte ihn im Gegensatz zu seinen Eltern noch nie locken können –, sondern mit der Enterbung hinsichtlich all der Memorabilia unserer unzähligen Reportagen inclusive des Notizbüchleins J.F. Kennedys mit allen

Damenadressen, das Arne Anton seinerzeit dem Präsidenten beim Pokern abgeknöpft hatte, und der Kinderbrille des Dalai Lama, die er uns damals aus Freude über die *Playboy*-Nummer geschenkt hatte.

Als Konrad schließlich kam, beäugte er mich misstrauisch, und ich sah, dass seine Eltern ihm bereits das Märchen von meiner Senilität eingetrichtert hatten.

»Deine Eltern wollen mich abschieben«, kam ich ohne Umschweife zur Sache, »und ich brauche dich, damit du mir gegen sie beistehst. Ich will hier wieder heraus.«

Er sah mich abweisend an und runzelte die Stirn. »Sie haben mir schon gesagt, dass du mir mit solch einer Geschichte kommen würdest. Das gehört angeblich zu deinem Krankheitsbild.«

Ich sah ihn unverwandt an. »Es sind Arschlöcher, alle beide. Das weißt du doch selbst am besten.«

Er konnte ein flüchtiges Grinsen nicht unterdrücken. Aber dann sagte er mit schief gelegtem Kopf: »Und woher soll ich wissen, ob – «

»Ob du es nicht mit drei Arschlöchern zu tun hast?«, beendete ich den Satz, ohne mit der Wimper zu zucken.

»Genau.« Erleichtert lehnte er sich jetzt etwas entspannter im Sessel zurück. Die Karten lagen nun offen auf dem Tisch.

Ich überlegte. »Du brauchst also einen Beweis dafür, ob ich noch ganz richtig bin im Kopf?«

»So könnte man das nennen.« Neugierig sah er mich an.

»Pass auf.« Ich hatte mich entschieden. »Du wirst mir eine deiner berüchtigten Knobelfragen stellen und prüfst, ob meine grauen Zellen das noch hinkriegen.«

Er sah mich lange an, dann nickte er bedächtig mit dem Kopf. »Ich war immer auf deiner Seite, Romy-Lene, das weißt du. Ich hab' die beiden noch nie leiden können, Blutsbande hin, Wut her.«

Ich lächelte. »Wunderbar. Wenn ich gewinne, dann tust du genau, was ich dir sage, ohne Wenn und ohne Aber, versprichst du mir das?«

Er sah mich nachdenklich an und nickte wieder langsam. Dann konzentrierte er sich und legte los. Selbstverständlich löste ich die Knobelfrage in Sekundenschnelle.

Zwei Tage später stand es sogar in allen überregionalen Zeitungen:

Bernd Boris, der einzige Sohn des berühmten rasenden Reporterpaares Arne Anton und Romy-Lene Kupsch, war mitsamt seiner Gattin Priscilla bei einem tragischen Autounfall ums Leben gekommen, nachdem die beiden der berühmten Mutter einen Besuch in dem Rekonvaleszentenheim abgestattet hatten, wo diese sich während ihrer Genesung nach einem häuslichen Unfall aufgehalten hatte.

Pech für die beiden, dass ich nicht nur fotografieren, sondern auch Autos auseinander nehmen und zusammensetzen konnte – denn wenn man allein durch menschenleere Regionen reist, dann muss man über Bremsleitungen, Lenkhilfen und noch viele andere Dinge Bescheid wissen.

Ich bestellte mir ein Trauerkleid bei *Gaultier* und konnte dem Meister nur mit Mühe Strapse und Verschnürungen ausreden, das schwarze Leder und der dichte Schleier aus Industrieabfall gefielen mir jedoch ausnehmend gut.

Als ich am Arm meines Enkels nach der Beerdigung zur schwarzen Limousine ging, flüsterte er mir ins Ohr: »Möchtest du fahren?«

Ich lächelte fein. »Ach, nein. Ab jetzt wirst du mein Chauffeur. Dann fühl ich mich sicher.«

Denksport für Lügner

Mit der Lösung dieser Denksportaufgabe hat sich die furchtlose Abenteuerin ihren Weg in die Freiheit erpokert:

1.

Ein Fremder steht an einer Weggabelung, wo es in das Land der Lügner oder der Wahrheitsliebenden geht. An der Gabelung trifft er auf einen Menschen, dem er eine einzige Frage stellen darf, um zu wissen wie er das Land der Lügner meiden kann. Wie heißt die richtige Formulierung?

Natürlich konnte Romy-Lene es nicht auf sich sitzen lassen, von ihrem Neffen auf die Probe gestellt worden zu sein – ohne sich einen kleinen Ausgleich zu verschaffen, und so erzählte sie ihm die Geschichte, die Arne Anton Kupsch einmal im »Club der Weltenbummler« belauscht, und immer wieder gerne zum Besten gegeben hatte. Würde Konrad darauf kommen, was daran nicht stimmte?

II.

»Wirklich allerhand, was unser Herr Fabius auf seinen Weltreisen erlebt hat!«, hatte Herr Müller den Abend füllenden Reisebereicht neidvoll kommentiert.

»Und wie plastisch er seine Abenteuer in der afrikanischen Wüste schildern konnte«, hatte Herr Lehmann ergänzt.

»Und erst sein Kampf mit dem Tiger! Auge in Auge mit dem wilden Tier. Mir läuft jetzt noch eine Gänsehaut über den Rücken, wenn ich daran denke, wie außerordentlich gefährlich gerade dieser Kampf war. Unglaublich, wie es unserem Freund doch noch gelang, dem Tiger im Nahkampf den Garaus zu machen!«

Herr Müller war fast ins Schwärmen gekommen.

Doch Herrn Lehmann war plötzlich ein Licht aufgegangen:

»Alles ganz gut und schön! Unser Freund mag auf seinen Reisen viel erlebt haben, aber heute Abend hat er gelogen!«

*Woher konnte Herr Lehmann,
und Arne Anton sowieso, das wissen?*

Rache währt am längsten

Friedlich verschieden

REGULA VENSKE

Mein Leben hat sich erfüllt, Sie sind tot, Sie armet Schwein.

Vor ner Viertelstunde ham Se noch jelebt, so wahr ick Luise heiße und Schwesternhelferin mitm Rotenkreuz-Sahnehäubchen uff meinem Dickschädel bin – wenn Se den Zustand, in dem Se seit Monaten verharrt hamben, überhaupt als Leben bezeichnen wollen: Ham jeatmet und jestöhnt und mir jequält anjesehn, ham wieder jestöhnt und mir jezwungenermaßen zuhörn dürfen, und denn ham Se zwischendrin man höchst widerwillig nach Luft jeschnappt. Herrlich, wa, Herr Doktor Praetorius, janz herrlich war det für mir! Denn icke war et, die Ihnen hinjebungsvoll pflejen durfte – eine wunderbare Zeit, vielleicht die schönste in meinem janzen Leben! Und sajen konnten Se nischt! Det war det Schönste daran! Keen Sterbenswörtchen, nich' det allerjeringste kam Ihnen über de Lippen seit Ihrem Schlaganfall vor bald zwee Jahn. Vorbei war et mit Ihre Herrenreiterart und den Deutschlehrerposen, mit Ihrer janzen einstudierten Studienratseloquenz! Allet für'n Arsch, wie der Bärlina so sagt. Nun ja, Se waren man sechzehn Jährchen älter als icke, greise neunundachtzig, wa – die neunzig ham Se nich' mehr jeschafft. Vielleicht wärn Se dahin jekommen, wär' ick nich' jewesen, die et Ihnen vermasselt hat, wat saren Se denn zu dieser These?

Ick bin ja man jrade erst aus den flotten Sechzijgern raus. Aber als ick Ihnen kennenlernte, Herr Doktor Praetorius, da war ick brave fuffzehn jeworden, und Sie warn stolze eenunddreißig, wa – mein Jott, wat waren Se für'n feiner Pinkel, wat janz Besonderet, so schien et mir, und Klassenlehrer dazu! Wir kannten damals doch keene Männer, die warn ja alle tot oder im Krieg oder hatten beide Beene ab. Komisch, damals warn Se fast weiter entrückt von meiner Wenigkeit als jetzt, wo Se man bloß tot unter Ihrem Plumeau daliegen. Is' eben allet relativ, wa; aber merken Se mal, dat ick mir inzwischen ooch uff paar Fremdwörter vastehe? Damals, tja, da hatten Se die Macht janz für sich alleene jepachtet, da kamen Se denn so zackig und schneidig daher, und unsereens trug de schlechten Noten nach Hause.

»Luises schriftliche Bemühungen lassen erhebliche Bildungs- und Charaktermängel erkennen. Auch im mündlichen Ausdruck hapert es stark. Einer Versetzung nach Untersekunda wird nicht stattgegeben.«

So herzlos ham Se den Stab über mir jebrochen, Sie ollet Schwein, und deswegen jing ich denn mit siebzehn vons Jimnasium ab. Ob mir det Lernen vielleicht doch noch Spaß jemacht hätte, irjendwann, danach ham Se mir nich' jefragt.

Na, und denn war ja nu Nachkriegszeit, wat denken Se woll, Steine jeklopft har ick denn, det Land wieder mit uffjebaut, als junget Gör, zusammen mit Oma Kläre. Und denn har ick meenen Ejon jeheiratet, und schwupps, war der Ejon schon bald daruff an Tuberkulose jestorben. Nee nee, ick weeß, dafür konnten Se nischt, har ick Ihnen auch jar nich de Schuld für in de Schuhe jeschoben. Aber beschissen – pardon – war et doch. Na ja, und denn bin ick eben Schwesternhelferin jeworden, mit dem Sahnehäubchen mit den drei roten Tupfern darauf uff'm Kopp. DRK – Det Rot Kleidet! Det kleidet mir wirklich jut, saren die Leute immer, und besonders die Männer warn lange janz schön scharf uff mir. Na, uff die Krankenpfleje verstand ick mir ja, noch von Ejon her. Nur zur vollen Schwesternausbildung hat's leider nich' jereicht, da warn die Charaktermängel, die Se mir anjehängt hatten, darvor. Macht nix, Luise, har ick mir immer jetröstet: Wie et kommt, so wird's jefressen, und der olle Praetorius, der kriegt eines Tages ooch noch wat zu hören von dir. Der kriegt noch sein Fett ab, an dem rächste dir noch!

Na, und denn har ick mir hübsche Zeit jelassen. Der kommt schon noch, har ick mir jedacht, der stirbt nich', wenn er im Sommer im Sauerland wandert. Der stirbt janz brav in seinem Bette, zu Haus – und denn wird sein Sohn nach eener aufopferungswillijen Pflejerin inserieren – oder im Krankenhaus. Und denn, Luise, denn biste schon da. Und denn kannste ihm orntlich eene vapassen – und denn ziehste de Strippen raus.

Wat denken Se woll, als man Ihnen vor bald zwee Jahre hier zuerst einjeliefert hat und Se da so vor mir im Koma lagen! Da fühlte ick mir schon heftig in Vasuchung jeführt. Ihr janzet Leben lag jewissermaßen in meenen Händen, und um ein Haar wär et zu Ende mit Ihnen jewesen. Aber denn dachte ick mir, ne, Luise, det machste nich'! Der olle Praetorius macht keene Frau mitm schlechten Jewissen aus dir. Und wat haste davon, wenn der jetzt janz kurz und schmerzlos dahinscheiden tut? Jar nischt haste davon! Ne, nu wartste mal ab, daß er dem Tod wieder vonne Schippe springt, und denn pflegste ihm schön und piesackst ihm orntlich dabei. Wa, und so war et dann ja ooch! Janz herrlich, Herr Doktor Praetorius!

Juten Morjen, Herr Doktor Praetorius, ham Se schon in die Zeitung jelesen? Tunfisch schreibt man jetzt janz ohne H! Wie Se da mit den Oogen jezuckt hamben! Als hätt' ick Ihnen eine Ohrfeije vapaßt. Wissen Se wat, ick war meener Zeit nur voraus! Se müssen nur lange jenug ans Leben bleiben, Herr Doktor Praetorius, denn ham Se am Schluß sojar die Rechtschreibung uff Ihre Seite jebracht, so wie icke hier! Herrlich, herrlich – und denn immer Ihre jequälten Oogen dabei, wenn Se mir bei meenen Vorträjen anjekiekt ham. Zu mehr waren Se ja nischt mehr im Stande. Und denn ham Se den Blick so anjeekelt zur Seite jewendet, und denn zwang ick Ihnen durch meene pure Präsenz, mir wieda anzukieken. Herr Doktor Praetorius? Ham Se schon jelesen, Schifffahrt jetzt mit drei F! Und Stofffetzen ooch! Wat Se da jestöhnt ham, Herr Doktor, det war die reine Labsal für mir!

Hören Se, wenn Se mal abkratzen sollten, denn mache ick mir paar Stofffetzen mit drei F aus Ihrer Weste, und die trenne ich vorher janz legal in der Naht zwischen S und T! Aua au, det tut weh, wa, Herr Doktor? Und wat halten Se denn vorher von 'nem Kuss mit zwee scharfen S?

Und wenn ick dann und wann 'ne Spritze für Ihnen aufjezojen habe,

DUDEN

wat Se da nu wieder für Oogen jemacht ham! Zuerst ham Se Angst jehabt, daß ick Ihnen vajifte, janz reell, Herr Doktor Praetorius. Wär ja schließlich ooch 'ne Möglichkeit jewesen, wa? Aber später, wissen Se wat, Herr Doktor? Ick gloobe, da ham Se et sich jewünscht. Da ham Se jehofft, daß ick Ihren Qualen ein Ende bereite. Aber nischt da, da hatte Luise wat Bessres für Ihnen uff ihrem Lager parat!

Ick staune richtig, wat mir im Laufe eines Jahres so allet einjefallen is! Extra 'nen neuen Duden jekooft har ick mir. Gämse jetzt mit Ä, Herr Doktor, und keen Komma mehr bei »und« und erweitertem Infinitiv! Wat ham Se uns nur fürn Schrott beijebracht seinerzeit!

Na, und denn kam nach diesen janzen Schrotladungen heute früh meene Granate. Wohl plaziert, wa, Herr Doktor Praetorius? Ach Herr Doktor, wissen Se wat? Ick har mir vorjenommen, det Abitur nachzumachen. Und studieren will ick ooch. In meenem Alter wird man zwar ooch direktemang zujelassen, Jermanistik, da tummeln sich heutzutage sowieso Hinz und Kunz, aber bisschen wat Solides soll et schließlich sein für Ejons Luise. In drei Jahren det Abi, uffer Abendschule, Herr Doktor, na, und denn – nischt wie an die Doktorarbeet! Ham schon janz andere Esel vor mir jeschafft, denk ick mir, wa, Herr Doktor Praetorius?

Herrlich, wie Se sich aufjebäumt ham! Wie man jemerkt hat, dass Se noch wat ham zu Protokoll jeben wolln! Aber daraus wurde nischt, Sie armet Schwein. Tja, det dürfte Ihnen den Rest jejeben ham, da sind Se denn abjekratzt. Ham det Heft abjejeben, Sie oller Studienrat. Aber icke, Herr Doktor Praetorius, icke bin nu de längste Zeit meenes Lebens Schwesternhelferin jewesen. Noch heute wird det Sahnehäubchen an den berühmten Nagel, aber annem Ehrenplatz uffjehängt. Und denn uffm Rückweg nach Hause schnell noch – von dem Geld aus Ihrer Weste, Herr Doktor Praetorius – eene neue Jrammatik jekooft. Und mit achtzig, Herr Doktor, da bin ick ooch promoviert. Da können Se mir im Himmel mit Frau Doktor anreden.

Ach, guten Abend, Frau Misbach-Praetorius. Gerade eben wollte ich ans Telefon eilen und Sie benachrichtigen. Seien Sie meines herzlichsten Beileides verjewissert, Frau Misbach-Praetorius, aber Ihr verehrter Herr Schwiegervater ist vor wenigen Minuten in meinem Beisein friedlich – verschieden.

Oma Venskes Kellerrätsel

Mit diesem Rätsel vertrieb meine selige Oma Venske während des Zweiten Weltkrieges sich und anderen die Wartezeit im Luftschutzkeller in Stettin; da ich ihr als kleines Mädchen versprochen habe, des Rätsels Lösung niemals zu verraten, habe ich das Lösungswort in meiner Geschichte zwei Mal, jeweils an exponierter Stelle, versteckt.

Wir sind's gewiss in vielen Dingen,
im Tode aber sind wir's nicht.
Die sind's, die wir zu Grabe bringen,
und diese wieder sind es nicht.
Und weil wir leben
sind wir's eben
in Geist und Angesicht.
Und weil wir leben
sind wir's eben
zur Zeit noch nicht.

Mordsglück

Karin Tränkner

Erna bekam kaum Luft. Die Empörung schnürte ihr den Hals zu. »Du elendes Miststück«, presste sie zwischen ihren neuen Zweitausend-Mark-Zähnen hindurch.

Das Miststück hieß Schwester Marga und tippelte gerade leise summend davon. Die viel zu große Schwesterntracht ließ sie von hinten wie eine Vogelscheuche aussehen, von vorne übrigens auch. Sie war hager, aschblond, mit einem bitteren Zug um den Mund. Schwester Marga hatte ihren allabendlichen Rundgang durch das Seniorenstift *Fröhliches Alter* beendet. Sie kam immer erst ganz zum Schluss in Ernas Appartement. Erna durchschaute Margas Machenschaften. Marga ließ sie prinzipiell auf ihre Tabletten und auf ihr Insulin warten. Erna bekam auch immer das kleinste Stück Diätkuchen. Anrufe, die im Schwesternzimmer für Erna ankamen, wurden ihr entweder gar nicht oder viel zu spät ausgerichtet. »Ach, Oma Erna, ich hab' ganz vergessen, dir zu sagen, dass deine Enkelin, wie heißt sie doch gleich, Lisa oder Lea, gestern angerufen hat, als du beim Arzt warst, ich weiß nicht mehr, was sie wollte. Schau nicht so empört, ich hab' einfach noch mehr im Kopf, als für euch alle den Boten zu spielen.« Das war vorhin der Auslöser für Ernas

Entrüstung gewesen. Marga vergaß prinzipiell dic Anrufe von Ernas Enkelin, denn über die freute sich Erna ja besonders. Die Bösartigkeiten hatten noch zugenommen, seit Marga wusste, wie Erna früher ihre Brötchen verdient hatte. Erna bezeichnete es als Gesellschaftsdame, Schwester Marga nannte es Hure. Sie verabscheute Erna abgrundtief, auch deshalb, weil ihr durch Erna bewusst wurde, dass ihre eigene Attraktivität die eines Frettchens war. Erna dagegen hatte heute noch volles, kräftiges Haar, das sie immer feuerrot färben ließ; ihr Körperbau verriet, dass sie in früheren Jahren die Fantasie der Männer beflügelt haben musste. Und dafür sollte Erna jetzt büßen.

Aber es ging noch weiter. Ernas geistige Vitalität war Marga auch ein Dorn im Auge, zumal sie selbst immer vergesslicher wurde. Und nun hatte Erna sich auch noch einen Computer angeschafft. Sie war dabei, mit ihrer Internetleidenschaft das ganze Stift rebellisch zu machen. Keine Diagnose kam mehr an Erna und ihrem PC vorbei. Erna kannte jede Website, die auch nur im Entferntesten mit Gesundheit oder Krankheit zu tun hatte. Bevor die Tabletten geschluckt wurden, bedurfte es der Zustimmung von Erna. Beschwörungsformeln seitens des Personals, wie »'s wird schon helfen«, verfehlten immer mehr ihre Wirkung. Ernas Sprechstunde war stets gut besucht, schließlich mussten auch die juristischen Fragen, wie zum Beispiel die Erhöhung des Pflegesatzes, die Rechte des Heimbewohners, Testamentsfragen und vieles andere mehr geklärt werden. Für Erna war es der Jungbrunnen. Sie las Computerzeitschriften wie andere Leute die Yellowpress und beteiligte sich eifrig an Diskussionen in diversen Chatrooms.

Nachdem Schwester Marga sie eben einfach hatte stehen lassen, drehte Erna ihr in Gedanken den Hals um, als wringe sie ein nasses Handtuch aus. Nur Paul, ihr Verbündeter, wusste, dass sie sich ernsthaft vor Marga fürchtete, obwohl sie alle Boshaftigkeiten scheinbar ganz gelassen über sich ergehen ließ. Vor einer Woche erst war eine gelähmte, zuckerkranke Bewohnerin, die neben Paul wohnte, gestorben. Marga hatte ihr abends anstatt eines Jogurts einen Apfel auf den Nachttisch gelegt und gleichzeitig das Glas mit den Zähnen weit weg gestellt. Dieses makabre Spiel war eine ihrer beliebten Strafaktionen. Als Frau Baumanns Blutzuckerspiegel nachts rapide absank, konnte sie natürlich ohne Zähne nicht in den Apfel beissen. Sie geriet in Panik und bekam einen Herzanfall, den sie nicht überlebte. Die Heimverwaltung vertuschte die ganze Angelegenheit, und Erna wusste, dass alle Heimbewohner Marga künftig auf Gedeih und Verderben ausgeliefert waren. Und das wollte sie so nicht hinnehmen. Das Seniorenstift war zwar nicht das Paradies, es war aber ihre letzte Station im Leben. Sie wünschte sich einen milden, berechenbaren Lebensabend.

Erna wurde aus ihren wütenden Gedanken gerissen. Es klopfte sachte, und ohne eine Aufforderung abzuwarten, streckte Paul seinen kahlen Kopf herein. Paul, stämmig und immer fröhlich, bewohnte das Appartement auf der gegenüberliegenden Flurseite. Sie mochten sich sehr und unternahmen viel zusammen.

»Hat dich der dürre Drachen wieder geärgert? Ich habe sie gesehen, sie sah wieder so zufrieden aus.«

Erna redete sich ihre Wut von der Seele. Paul hörte ihr wie immer geduldig zu.

»Ich könnte sie umbringen«, sagte sie zum Schluss und schaute Paul mit festem Blick an, als ob sie von ihm Unterstützung forderte. Paul hielt ihrem Blick stand. »Erna, rede keinen Unsinn. Wir haben doch schon oft darüber gesprochen, dass Menschen häufig auf diese Art reagieren. Schöne Menschen wie du, haben weniger Grund, eifersüchtig zu sein, und sie haben ein größeres Polster gegen negative Gefühle. – Und außerdem ist Mord strafbar.« Er lächelte spöttisch. »Ich wüsste aber auch nicht, wie du es anstellen wolltest.«

Erna ging auf seinen Spott nicht ein. »Ich wüsste schon wie, aber ich brauche deine Hilfe.« Erna ordnete ihre Gedanken und begann, Paul ihren Plan Schritt für Schritt darzulegen. Paul war beeindruckt.

Erna saß in ihrem Ohrensessel. Es war fast dunkel. Sie empfand den Einbruch der Dunkelheit im Sommer als wohltuend. Die frühe Schwärze im Winter ängstigte sie, vor allem, seit sie älter war. Sie wartete ungeduldig auf Paul. Hoffentlich hatte er sich nicht erwischen lassen. Noch einmal würden sie diesen Mut nicht aufbringen.

Sie wünschte, die Zeit würde schneller vergehen. Die Stille war unheimlich, und Erna hatte das Gefühl, sie könnte das Geräusch ihres Lidschlags hören. Ihr eigenes Seufzen durchbrach die Stille. In diesem Moment ging die Tür auf, das Licht flammte auf.

»Paul«, kreischte Erna und griff sich an ihr Herz. »Wenn du mich weiter so erschreckst, gefährdest du unsere ganze Aktion. – Hat es geklappt?«

Paul nickte verschwörerisch.

»Mein Gott, so erzähl doch, schnell.«

»Da gibt es nicht viel zu erzählen. Es lief alles so, wie wir es geplant hatten. Ich ging in den dritten Stock zu ihrem Zimmer. Du hattest recht, sie hatte die Tür nur zugezogen, und die ließ sich wirklich mit der Scheckkarte öffnen. Ich hätte ja nicht geglaubt, dass dieser Trick aus dem Fernsehen so funktioniert. Mein Herz klopfte aber ganz ordentlich. Nun, es ist vorbei, ich hatte genug Zeit, sie war ja mit euch im Speisesaal beschäftigt. Hat mich übrigens jemand vermisst? Nee? Gut. Alles andere war ein Kinderspiel.« Paul machte eine Pause.

»Paul«, drängte Erna, »mach's doch nicht so spannend. Hat sie wirklich so viele Weinflaschen rumstehen, wie der Hausmeister immer erzählt?«

»Gemach, Erna. Ja, sie hat. Also, ich habe unser Gemisch von aufgelösten Valiums in eine geöffnete Flasche Weißwein geschüttet, und das war's. Dann bin ich gegangen. Und du? Bist du mit deinen Vorbereitungen soweit?«

»Ja, ja, keine Sorge. Wichtig ist, dass die Vorarbeit funktioniert hat. Sie muss unbedingt tief und fest schlafen, möglichst zwei Tage, möglichst in ihren Tod hinein.« Erna kicherte, und die Aufregung zauberte eine leichte Röte auf ihre Pergamenthaut. Ihre Wut war einer kriminellen Spannung gewichen, die Erna nicht unangenehm war.

Endlich. Schwester Marga ließ sich in den einzigen Sessel im Zimmer fallen. Sie atmete tief durch, trat ihre ausgetretenen Schlappen von den Füßen und kickte sie weg. Ungeduldig knöpfte sie ihre Schwesterntracht auf, ließ sie achtlos zu Boden fallen und zog einen Bademantel über. Sie legte keinen Wert auf ihr Äußeres, ihr waren Eitelkeiten zuwider. Deshalb gingen ihr auch die Alten auf die Nerven, die jeden Friseurbesuch zu einem Fest werden ließen und jedes neue Kleid, das irgendeine heuchlerische Verwandtschaft zu den seltenen Besuchen mitbrachte, zum Thema der Woche machten. Überhaupt konnte sie die Alten immer weniger ausstehen, und Erna reizte sie besonders. Nach dem Tod der gelähmten Baumann war alles nur noch schlimmer geworden. Nächste Woche sollte ein Untersuchungsausschuss eingesetzt werden. Marga konnte ihre beklemmende Furcht nicht abschütteln. Sie ließ sich aufs Bett fallen und griff nach der halbvollen Weinflasche von gestern. Sie wollte vergessen, alles, die Erna – und vor allem die Baumann. Dafür würde eine halbe Flasche nicht reichen ...

Erna wollte noch mal mit »Maximus« ihren Plan durchgehen und schaltete den PC ein. Mit wenigen Mausklicken gelangte sie zum richtigen Chatroom. Sie war vor einigen Wochen zufällig in diese Gesprächsrunde gestoßen, es galt den perfekten Mord zu kreieren, und nach anfänglicher Scheu hatte sich Erna beteiligt. Sie erfuhr viel über Mordmethoden, welche Medikamente wann gefährlich sind, wie Gift wirkt und was für Auswirkungen es hat, wenn ein gesunder Mensch Insulin erhält. Unterschwellig war beim Chatten oft zu spüren, wie gerne der eine oder andere seine Fantasien in die Tat umgesetzt hätte. Sie würde nun die Erste sein. Der »perfekte Mord«. Im Chatroom jedenfalls hatte ihr Plan geklappt.

Es ging los. Erna nahm eine kleine rote Schachtel und überprüfte nochmals deren Inhalt. Sie hielt die Spritze gegen das Licht und war zufrieden. Sie öffnete die Tür und spähte auf den schwach beleuchteten Flur hinaus. Irgendwo hackte eine Uhr die Zeit tot. Erna zog vorsichtig die Tür hinter sich zu. Es war ihr, als ob die gesamte Schwerkraft an ihren Beinen hing. Im Treppenhaus angekommen, musste sie sich kurz am Geländer festhalten. Ihr war schummrig. Sie wusste, dass sie nie wieder in ihrem Leben so viel Mut aufbringen würde. Gerade deshalb musste es heute klappen. Stufe für Stufe, ganz langsam zog sich Erna am Geländer nach oben. Vor Schwester Margas Tür blieb sie stehen. Sie hielt den Atem an – sie hatte überhaupt das Gefühl, in den letzten fünf Minuten nicht geatmet zu haben. Sie horchte noch einmal nach unten. Sie wagte nicht sich auszumalen, was passieren würde, wenn sich jetzt Margas Tür öffnete.

Erna nahm aus ihrem roten Kästchen Pauls Scheckkarte heraus und schob sie zwischen Türrahmen und Schloss. Sie kam sich vor wie Miss Marple, die damals wohl ohne Scheckkarte auskommen musste. Mit einem leisen *Plopp* schnappte die Tür auf. Erna trat zögernd ins Zimmer. Es war stockdunkel. Damit hatte sie nicht gerechnet. Ihre Augen gewöhnten sich nur schwer an die Dunkelheit. Sie fluchte in sich hinein. Sie musste Licht machen. Ohne sich umzudrehen, griff sie mit der linken Hand nach hinten. Sie ertastete den Lichtschalter, und grelles Neonlicht zuckte mit einem surrenden Ton auf. Sie trat einen Schritt vor und sah sich kurz im Zimmer um; es wirkte schmucklos, abgewohnt. Sie traute ihren Augen nicht. Das Bett war leer.

»Hallo«, flüsterte sie. Es klang eher wie das trockene Krächzen eines neugeborenen Rabenvogels. Offenbar hatten die Speicheldrüsen ihre Funktion eingestellt. Ihre übrigen Schweißdrüsen hingegen funktionierten hervorragend. Sie war patschnass. Ein weiterer Versuch.

»Hallo.« Nichts. Das war's dann wohl, dachte Erna emotionslos. Beim Gedanken an die Konsequenzen wurde ihr übel. Sie entdeckte die Tür zum Bad. Sie wird doch wohl nicht auf der Toilette …? Plötzlich war ihr alles egal. Sollte das Ungeheuer doch da drinnen sitzen und ihr Valium-Wein-Gemisch wieder von sich geben. Mit einem Ruck riss sie die Türe auf. Das Letzte, was Erna sah, bevor sie wie ein nasser Sack in sich zusammenfiel, war eine von der Decke baumelnde Marga.

Am Montagmorgen standen die Heimbewohner wie hungrige Vögel vor dem schwarzen Brett und diskutierten die dort befestigte Todesanzeige. Unter ihnen Erna, die etwas mitgenommen aussah, so als hätte sie tagelang nicht geschlafen, und Paul, der aussah, als ob er diese Nächte mit Erna geteilt hätte. Erna nahm ihn bei der Hand und zog ihn weg. »Ein Glück, dass du nach mir gesucht hast«, flüsterte sie und lächelte.

Aus drei mach eins

Nach all der Aufregung hatte Paul für Erna eine Extra-Portion Beruhigungstabletten organisiert. Aber das Einzige, was sie auf andere Gedanken bringen konnte und wobei sie gleichzeitig ganz wach wurde, war das Austüfteln von Rätseln. Paul erfüllte ihr auch diesen Wunsch.

Durch Einsetzen eines gesuchten Wortes in der Mitte entsteht ein neues Wort

Beispiel: Nacht...?...Gewächs
Lösung: Schatten = Nachtschattengewächs

I. Kopf...?...Pflaster
II. Herz...?...Gefäße
III. Lachs...?...Teich
IV. Sieben...?...Tag
V. Gras...?...Nest
VI. Titel...?...Seite
VII. Haus...?...Schlüssel
VIII. Breit...?...Kino
IX. Film...?...Album
X. Segel...?...Lehrer
XI. Klatsch...?...Runde
XII. Garten...?...Sammlung

Stille Lande

Michaela Küpper

Es gibt nichts Schöneres, als an einem lauen Sommerabend im Garten zu sitzen, die letzten Sonnenstrahlen auf der Haut zu spüren und ihren göttlichen Glanz in einem guten Glas Rotwein einzufangen.
In einem solchen Moment möchte ich einmal sterben: die tröstende Wärme im Gesicht, den Geschmack des Burgunders auf der Zunge, die Augen geschlossen ... *und dann soll meine Seele weit ihre Flügel ausspannen und durch die stillen Lande nach Hause fliegen.*

Doch bevor ich abtrete, habe ich noch einiges zu erledigen.

Zuerst muss ich den hysterischen Kläffer der Nachbarin zum Schweigen bringen, denn sonst wird es nichts mit meinem Seelenflug durch stille Lande.

Wie sehr hat mein Neffe Albert den Tag herbeigesehnt, an dem ich diese letzte Reise antreten würde! Er war schon immer zu ungeduldig, und ein Gespür für den richtigen Moment hatte er auch nie. Aber: *Alles hat seine Zeit,* Albert; leider ist dir diese Erkenntnis verborgen geblieben. Warst immer viel zu sehr damit beschäftigt, dem Geld hinterherzujagen, anderes hat dich nie interessiert. Schon als Dreikäsehoch gab es nichts Schöneres für dich, als Groschen zu zählen, und dein Lieblingstier war ein fettes Sparschwein.

»Der bringt's mal zu was«, sagten die einen. »Der wird's zu nichts bringen«, dachten die anderen, das kam auf den weltanschaulichen Standpunkt an.

Leider hielt niemand aus unserer spärlichen Verwandtschaft lange genug durch, um Alberts späteren Werdegang verfolgen zu können. Nur ich bin übriggeblieben – ich, die ich mir immer am wenigsten aus ihm gemacht habe. Und ich muss zugeben: Seinem einmal eingeschlagenen Weg ist er ohne Zweifel geradlinig gefolgt. Die Gierigen erkämpfen sich ja stets eine gute Startposition; während die anderen gerade einmal anfangen, sich warmzulaufen, haben sie sich bereits einen uneinholbaren Vorsprung verschafft.

Doch *was kümmern mich die Narren, die Geld zusammenscharren?* Albert wäre mir auch weiterhin völlig gleichgültig geblieben, hätte er nicht irgendwann angefangen, seine klebrigen Finger nach meinem Hab und Gut auszustrecken.

Plötzlich stattete er mir Besuche ab, ohne Vorwarnung und mit billigen Blumensträußen aus dem Supermarkt bewaffnet. Er könne die gute alte Elfie doch nicht einfach im Stich lassen. Wir müssten immer schön zusammenhalten, wir zwei Hübschen.

Mussten wir das wirklich, Albert?

Die Besuche häuften sich und mit ihnen die geheuchelten Sorgen, die er sich um mein Wohlergehen machte. Beides begann mir außerordentlich lästig zu werden.

Was denn, keine Damenkränzchen, keine Kaffeefahrten? Da müsse ich altes Mädchen bestimmt sehr einsam sein, so ganz allein in dem großen Haus ...

Nein, ich fühle mich nicht einsam, das Alleinsein fällt mir nicht schwer. Wenn ich hin und wieder Gesellschaft vermisse, dann höchstens die meines geliebten Mannes, doch der ist seit über zwanzig Jahren tot. Ach ja, *alte Zeiten, linde Trauer, und es schweifen leise Schauer wetterleuchtend durch die Brust ...*

Aber das ging Albert nun wirklich nichts an.

Was denn, nicht einmal eine Putzfrau käme ins Haus? Es sei doch wohl eine Schande, dass ich die ganze Arbeit allein tun müsse, in meinem Alter!

Ich habe noch nie eine Putzfrau gehabt, obwohl ich es mir wahrlich hätte leisten können. Den Dreck, den man macht, soll man auch selbst fortschaffen, war schon immer mein Standpunkt. Das ist keine Frage des Alters. Außerdem brauche ich niemanden, der in meinen Schubladen herumwühlt und die Silberlöffel mitgehen lässt.

Albert ließ das freilich nicht gelten. Was denn, bei mir käme nicht täglich eine warme Mahlzeit auf den Tisch? Kein Wunder, dass ich so mager sei! Warum ich keine nette Dame beauftrage, mir jeden Mittag eine Kleinigkeit zu richten?

Als ob ich noch den Bärenhunger einer Zwanzigjährigen hätte! Ich sehne mich auch nicht gerade nach einer netten Dame, die täglich für ihre Kochkünste gelobt werden will, und ihre schlechte Laune an mir auslässt, wenn ich mal keinen Appetit habe. Was ich benötige, holt Friedrich für mich im Feinkostgeschäft ein, und meinen französischen Wein bekomme ich seit Jahren mit der Post geliefert. Ich komme wirklich bestens zurecht.

Aber das war das Letzte, was Albert glauben wollte.

Er ließ nicht locker. Für jeden meiner Handgriffe erfand er eine Person, die ihn mir abnehmen sollte.

Ich brauche keinen Hofstaat, Albert, ich bin nicht Queen Mum! Nein, das sei ich in der Tat nicht. Ausnahmsweise gab er mir einmal Recht. Und genau aus diesem Grunde hätte er eine viel bessere Idee: Er denke da an eine exklusive Seniorenresidenz, in der ich bekocht und gepflegt würde; ich bräuchte nicht zu putzen und hätte nette Gesellschaft, wann immer mir der Sinn danach stünde.

Nein danke, Albert, deine nette Gesellschaft war mir vollauf genug. Und die exklusivste Residenz, die du dir für mich vorstellen konntest, war ohne Zweifel der Friedhof. Aber das sagte ich natürlich nicht, ich bin ein höflicher Mensch.

Inzwischen kam er so häufig, dass er auf die Blumen verzichtete. Was denn, die vom letzten Mal sind schon verwelkt? Du hast ihnen bestimmt kein Wasser gegeben!

Seine Reden klangen immer vorwurfsvoller, und seine Stimme bekam einen angewiderten Unterton. Die staubigen Vorhänge, die stumpfen Fußböden, die feuchten Flecken an der Wand. Und erst die morschen Fensterrahmen, die Wind und Wetter hereinließen! Es sei eine Schande, alles so vergammeln und verwahrlosen zu lassen. Zu einer heruntergewirtschafteten Bruchbude drohe das schöne Haus zu verkommen!

Ja, das schöne Haus. Einzig das Haus war es, dem von Anfang an deine Besorgnis galt. Hast du dir wirklich eingebildet, ich hätte das nicht bemerkt? Du warst nicht der Erste, dessen begehrliche Blicke sich an der stolzen Jugendstilfassade festsaugten. Schon oft standen plötzlich fremde Leute vor der Tür und fragten, ob das Anwesen zu veräußern sei. Ich habe sie alle des Grundstücks verwiesen. Wenn ich das Haus loswerden wollte, würde ich ein Schild an die Straße stellen, oder?

Es war Liebe auf den ersten Blick, als mein seliger Mann mich vor so vielen Jahren über diese Schwelle trug. Die kleine Villa hatte den Krieg ohne ernsthafte Schäden überstanden, und das Viertel galt schon damals als eines der vornehmeren. Heute ist die Lage schier unbezahlbar. Eine exquisite Adresse für deine dubiosen Spekulationsgeschäfte, Albert!

Aber dafür gebe ich mein Haus nicht her. Es ist wie ein beseeltes Wesen für mich, das mir Schutz und Geborgenheit gewährt. Nachts höre ich seinen Atem und lausche seinem Herzschlag, ruhig und kraftvoll, wie der eines Mannes. Zwischen uns beiden besteht eine untrennbare Verbindung.

Ich weiß, was Sie jetzt denken: So ganz bei Trost ist die alte Schachtel wohl nicht mehr. Dann können Sie ja sicher auch verstehen, warum ich das Alleinsein der Gesellschaft vorziehe. Und Albert stellte allmählich eine ernsthafte Bedrohung für mein kommodes Leben dar. Immer mehr bohrende Fragen, meine Antworten nur noch Rechtfertigungen. Stets die gleiche Beschwörung: Ich müsse doch einsehen, dass mir alles über den Kopf wachse. Es sei eben alles zuviel für mich.

Aber ich habe doch Friedrich! Seit Jahren kommt er jede Woche und packt überall dort zu, wo ich es nicht kann. Ich kenne durchaus meine Grenzen.

Was denn, diesen verblödeten Gartenzwerg würde ich ernsthaft als Hilfe bezeichnen? Früher hätte ich meinen unverschämten Neffen mit einer schneidenden Bemerkung in die Schranken gewiesen, hätte ihm nicht erlaubt, so über den armen Friedrich zu sprechen. Nun brachte ich nicht mehr als ein missbilligendes Grunzen zustande, obwohl ich innerlich bebte vor Wut. Auch meine Unterlippe bebte, wie mir ein zufälliger Blick in die spiegelnde Fensterscheibe kaltherzig vor Augen führte. Nicht einmal mehr meine Mimik hatte ich im Griff!

Albert machte mich immer nervöser. Nur wegen seiner inquisitorischen Besuche begann ich nun, die Schränke zu wienern und das Parkett zu bohnern und lief anschließend ständig Gefahr, darauf auszurutschen. Ich wagte mich sogar auf die alte Leiter, um die unzähligen Fenster zu putzen, dabei hatte ich den gedämpften Lichteinfall immer als angenehm empfunden. Ich kochte vorsichtshalber reichhaltige, fette Mahlzeiten für den Fall, dass er zufällig um die Mittagszeit auftauchte. Doch davon wurde mir übel, und abends fiel ich völlig erschöpft und mit wehen Gliedern ins Bett. Bald kam ich mir wirklich vor wie eine bemitleidenswerte, uralte Frau.

Aber was ich auch tat, ich konnte es Albert nicht recht machen. Wegen eines läppischen Kaffeeflecks auf meiner Bluse machte er ein Aufhebens, als hätte er mich aus der Gosse gezogen. Ich solle mich nur einmal anschauen: Einsam und krank sähe ich aus, geradezu verwahrlost. Immer unverblümter unterstellte er mir geistige Verwirrung und sah sich vollauf bestätigt, als ich ihm nicht auf Anhieb sagen konnte, wie hoch meine letzte Stromrechnung gewesen war.

In jenen Nächten fand ich keinen Schlaf mehr. Ich lag da und versuchte, mich auf die Geräusche des Hauses zu konzentrieren, hoffte auf das beruhigende Rumoren in seinen Eingeweiden. Doch alles, was ich vernahm, war grabkalte Stille. Elend und hilflos fühlte ich mich, und auch meine geliebten Gedichte konnten mir keinen Trost mehr bieten. *Tiefer Gram umwölkt die Stirne, Wahnsinn brütet im Gehirne ...* Ich war tatsächlich drauf und dran, den Verstand zu verlieren.

So wurde ich immer mehr zu derjenigen, zu der Albert mich machte.

Als er das nächste Mal kam, empfing ich ihn humpelnd im eigelbfleckigen Morgenrock. Die Kaffeetasse, die ich ihm hinstellte, enthielt noch die eingetrockneten Reste von Honigmilch.

Eine Woche später leerte ich den Mülleimer auf dem Küchenfußboden aus, als ich seinen Wagen hörte, und versteckte mein Gebiss in

einer Pralinenschachtel. Ich begrüßte ihn mit meinem schönsten zahnlosen Lächeln, bedauerte aber, nicht viel Zeit erübrigen zu können, da ich das Essen für meinen hungrigen Gatten richten müsse. Albert schluckte alles, schockiert und heimlich frohlockend zugleich, wähnte er sich doch bereits ganz nah am Ziel: die verrückte alte Elfie ins Heim abzuschieben und sich in ihrem Haus breit zu machen. Schließlich musste ich ihm die Pralinenschachtel anbieten, damit er sich von meinem Anblick losreißen konnte.

Zwei Tage später habe ich ihn angerufen. Er hätte ja so recht gehabt mit seinen Mahnungen, mir würde in der Tat alles ein bisschen viel. Vor allem das Haus sei allmählich eine große Belastung ... Doch nun hätte sich ein ganz reizender junger Mann von der Sparkasse erboten, die Verkaufsangelegenheiten für mich zu regeln, und sogar um einen schönen Platz in einem Seniorenheim wolle er sich kümmern. Wenn das nicht ein großes Glück sei! – Ja, er wäre gerade hier, um sich alles anzuschauen ...

Keine Viertelstunde später hörte ich Alberts Luxuskarosse die Einfahrt hinaufschießen, dass der Kies nur so spritzte. Er nahm sich nicht einmal die Zeit, den Motor abzustellen, und stürmte atemlos die Stufen hinauf in die Halle. Seine Augen funkelten wie die eines wütenden Raubtiers, doch ich stellte mich blind. Mit naiv-verzücktem Stimmchen erklärte ich, der freundliche Herr habe sich bereits alles angesehen und werfe nur noch einen Blick in den Keller. Er sei allein gegangen, wegen der steilen Stufen. Albert hörte gar nicht mehr hin. Wie ein bis aufs Blut gereizter Kampfstier stampfte er schnaubend die Kellertreppe hinab und den langen unterirdischen Gang entlang. Der gelbe Lichtkegel, der am Ende des Gangs auf den nackten Steinboden fiel, ersetzte ihm das rote Tuch.

Ich musste mich sputen, ihm zu folgen. Schon war er in jenem letzten hell erleuchteten Raum verschwunden: dem Kohlenkeller, in dem die Mauern meterdick und ohne Fenster sind; auch die Schütte hatte man bereits vor Jahren zugemauert. Die feuerfeste Stahltür jedoch, die jetzt weit offen stand, war nagelneu. Erst vor wenigen Tagen hatte Friedrich sie auf meine Bitte hin eingesetzt. Die beiden Hünen, die ihm dabei halfen, waren dankbar gewesen für ein paar Mark auf die Hand und den Kasten Bier, den ich ihnen spendierte.

Wie leicht sich die neue Tür schließen ließ, als habe sie gar kein Gewicht! Es geht eben nichts über eine gute Handwerksarbeit. Ich drehte den Schlüssel im Schloss, schob den Sicherheitsriegel vor, und als Albert erschrocken aufschrie, löschte ich das Licht.

Nachdem ich auch die beiden Zwischentüren geschlossen hatte, klangen Alberts Rufe nur noch wie ein fernes Wehklagen aus der Unterwelt, ein gedämpftes Rumoren im Bauch von Mutter Erde. Als ich wieder in der Halle stand, war auch das verstummt. Und da hörte ich ihn wieder: den ruhigen Herzschlag des Hauses.

Ich ging nach draußen, fuhr Alberts Wagen in die Garage, verschloss sie und warf anschließend den Garagen-, den Auto- und den Kellerschlüssel in den Teich.

Als Friedrich nachmittags kam, um mir meine Vorräte zu bringen, jubelte ihm der Salzburger Opernchor euphorisch *Freude, schöner Götterfunken* entgegen. So ganz traue ich meinen alten Ohren doch nicht.

Und nun wird es Abend, und *über allen Gipfeln ist Ruh*. Die Sonne geht unter, der Burgunder schmeichelt meinem Gaumen, ich schließe die Augen – und hinter den Hecken schlägt schon wieder der verrückte Hund der Nachbarin an. Morgen werde ich wirklich ein Wörtchen mit ihr reden ...

Rätselhafte Poeten

Obwohl die gute Elfie schon zweiundachtzig Lenze zählt, ist sie geistig noch voll auf der Höhe. Wie sie das schafft? Sie hält sich durch ein Hobby fit, das leider, und völlig zu Unrecht, aus der Mode gekommen ist. Sie rezitiert Gedichte. Das schult ihr Gedächtnis, ihren Verstand und offenbart ihr manch nützliche Lebensweisheit.

Wie heißen die Poeten, die Elfies romantischer Ader Ausdruck verleihen, ihr aus dem Herzen sprechen und ihrer Seele Flügel verleihen?

I. »... und dann soll meine Seele weit ihre Flügel ausspannen und durch die stillen Lande nach Hause fliegen«

II. »Alles hat seine Zeit«

III. »Was kümmern mich die Narren, die Geld zusammenscharren?«

IV. »Alte Zeiten, linde Trauer, und es schweifen leise Schauer wetterleuchtend durch die Brust ...«

V. »Tiefer Gram umwölkt die Stirne, Wahnsinn brütet im Gehirne ... «

VI. »Freude, schöner Götterfunken«

VII. »Über allen Gipfeln ist Ruh.«

Neues Spiel – neues Glück

Barbara Ahrens

Ohne *Jenga* kann ich mir mein Leben gar nicht mehr vorstellen. Wenn er das wüsste – ich glaube, der würde zusammenklappen – so, wie er jetzt schon wieder vor mir sitzt! Dieses Spiel ist wie für mich gemacht. Warum haben die das bloß nicht vierzig Jahre früher erfunden? Vielleicht wär unsere Ehe dann anders verlaufen.

Spitz pass auf hab ich immer gehasst, aber Willi konnte ja nie genug davon kriegen. Dabei wusste ich auch so, dass ich bei ihm keine Chance hatte. Der Würfel stand noch nicht still, da hat der Mann auch schon reagiert – natürlich immer richtig. Im Gegensatz zu mir.

Oder beim *Scrabble*. Was hab ich Blut und Wasser geschwitzt, wenn ein Ypsilon kam. Für Willi natürlich überhaupt kein Problem. Der hat garantiert noch ein Feld mit dreifachem Buchstabenwert gefunden. Wenn Freunde mitgespielt haben, war's noch schlimmer. Ich denk noch dran, wie ich beim *Trivial Pursuit* mal nicht wusste, wieviel Kilo eine Tonne hat. Religion gut, Kopfrechnen schwach – das war noch einer von seinen harmloseren Sprüchen. Als er mir dann das *Jenga* zum Geburtstag geschenkt hat, konnt ich mich erst mal überhaupt nicht freuen. Wie bei allem, was Willi mitbrachte. Ich war einfach unfähig, mir vorzustellen, dass es auch Spiele gibt, bei denen mal ich gewinne, und nicht er. Dabei hab ich ganz früher sogar gern gespielt. Da war ich durchaus nicht immer das Schlusslicht. Dazu hat Willi mich erst gemacht.

Aber seit *Jenga* ist alles anders. Ich bin richtig verliebt in das Spiel! Die Holzklötzchen mit der polierten Oberfläche liegen so angenehm in der Hand. Wenn ich dran denke, wie achtlos Willi die Spielsteine übereinanderschichtet! Das tut mir fast weh. Für mich gehört das sorgsame Aufbauen genauso dazu wie nachher das Abbauen. Immer drei Steine nebeneinander, dann in der Gegenrichtung die nächsten drei obendrauf. Und so abwechselnd, bis alle vierundfünfzig Klötzchen zu einem hohen Turm angewachsen sind. Eigentlich ist es was für Kinder. Für geistig Minderbemittelte – sagt Willi. Komisch, dass er es trotzdem nicht schafft! Nach und nach müssen so viele Spielsteine wie möglich aus dem fertigen Turm wieder herausgezogen werden, ohne dass er zusammenkracht. Jeder kommt abwechselnd dran: ein Klötzchen er, ein Klötzchen ich.

Willi beim *Jenga* zu beobachten – wenn der wüsste, wie gut mir das tut! Wie ihm der Schweiß jetzt schon wieder auf der Stirn steht, wie er flucht, wie sein Gesicht rot anläuft. Trotz seines Herzinfarkts letztes Jahr, hat er wieder mit dem Rauchen angefangen – die vielen Niederlagen scheinen ihm zu schaffen zu machen. Aber eins muss ich ihm lassen: Er gibt nicht auf. Jeden Abend gleich nach dem Essen versucht er einen neuen Anlauf. Das kann er nicht auf sich sitzen lassen, dass mal nicht er der Sieger ist, sondern ich, die doofe Nuss. Und wie er sich krank ärgert, wenn ich ganz ruhig und gelassen das Klötzchen durch die Lücke schiebe. Meins hätte er natürlich auch immer geschafft – solche Sprüche kann er sich einfach nicht verkneifen. Aber so was lässt mich jetzt kalt. Ich guck mir lieber an, wie ihn das zur Weißglut bringt, wenn bei mir der Turm stehen bleibt wie angewachsen. Und kein bisschen schwankt. Wie gesagt, das Spiel hätte vierzig Jahre früher erfunden werden müssen. Bis jetzt hat immer er den Turm zum Einstürzen gebracht. Und ich hab noch nicht mal hämisch gelacht. Höchstens gelächelt.

Jetzt schwankt er schon wieder, der Turm. Dass der Mann sich so aufregt – es geht doch um nichts! Was hat er denn auf einmal? Die Kettenraucherei war wohl doch zu viel für ihn. Fällt einfach um! Nur weil der Turm zusammengekracht ist. Das hätt ich mir mal erlauben sollen, all die Jahre! Beim *Skat*, wie er mich immer angeschrien hat: Trumpf ziehen! Dabei wollt ich schon lange nicht mehr mitmachen. Mit ihm als Partner war *Skat* die Hölle. Wie eigentlich alles.

Na, was ist, Willi? Jetzt zieh du doch mal Trumpf, Willi! Klappt wohl nicht, was? Fängt der Mann auch noch an zu röcheln! Nix mehr mit *Schneider schwarz*, was, Willi? Oder *Der schmeckt kalt gut*! Gut geschmeckt hast du noch nie, Willi. Mein Gott, wie ich das gehasst hab, wenn du mich immer als dumme Gans hingestellt hast. Als die Kinder noch klein waren und wir an den Sonntagen immer *Malefiz* gespielt haben oder *Monopoly*, *Fang den Hut* und wie sie alle heißen. Die größte Gemeinheit war ja wohl, wie du dann dafür gesorgt hast, dass der Platz neben mir ausgelost wurde. Das darf man gar keinem erzählen! Derjenige, der nach mir drankam, war angeblich im Vorteil. Und das vor den Kindern! Aber auf so was hast du nie Rücksicht genommen. Sogar damals, als wir deinen Chef nach Haus eingeladen hatten. Obwohl – genutzt hat's dir nichts, den Posten hast du trotzdem nicht gekriegt. Schuld daran war natürlich ich.

Oder deine so genannten Zärtlichkeiten. Auch im Bett konnt ich's dir nicht recht machen – noch nie. Aber hast du vielleicht mal darüber nachgedacht, wie's für mich war? Kein Gedanke, was? Grob warst du! Nicht spontan oder leidenschaftlich, wie du dich selbst immer so gern gesehen hast. Du warst ganz einfach grob. Und dann dauernd das Geschwafel. Sogar im Bett hast du die Klappe nicht gehalten. Später hab ich ja einfach abgeschaltet, wenn du deine großartigen Interpretationen vom Stapel gelassen hast. Aber am Anfang, da wollt ich's einfach nur schön haben mit dir. Im Grunde hätt ich's schon damals merken müssen: deine ewige Besserwisserei, deine Rücksichtslosigkeit, deine Selbstherrlichkeit! Heut könnt mir das nicht mehr passieren, heut acht ich bei einem Mann auf was anderes. Nicht was du denkst. Alle Weiber sind geil!, würdest du jetzt brüllen, wenn du könntest. Nix mit Brüllen, was, Willi? Hat sich ausgebrüllt.

Nein, heut mach ich's anders. Wenn mir ein Mann gefällt, spiel ich erst mal mit dem. Hat bisher immer geklappt. Da staunst du, was? Deine Olle schläft rum hinter deinem Rücken. Schon eine ganze Weile.

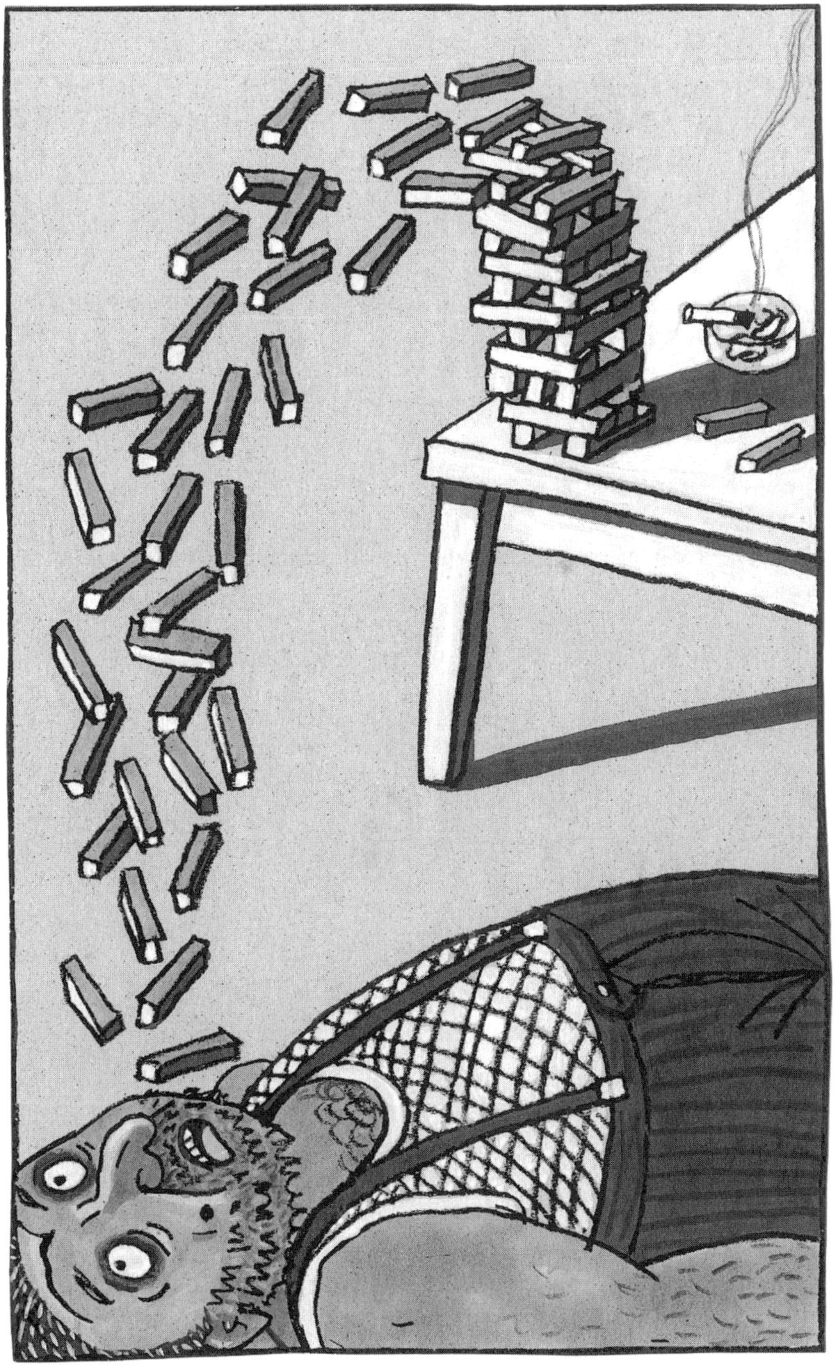

Was die Leute dazu sagen? Stell dir vor, Willi, das ist mir scheißegal. Bei dir war das doch nicht anders, all die Jahre, und ich blöde Kuh hab mir das bieten lassen! Aber heut geh ich nach Plan vor. Der Ober in dem kleinen Café kennt mich inzwischen. Der gibt mir immer den ruhigen Tisch hinten an der Wand. Brauch ich auch. Denn wenn ich das *Jenga* aufbaue, ist jede Erschütterung Gift.

Kommt dann der Mann an meinen Tisch, weiß ich ziemlich schnell, was mit dem los ist. Du ahnst ja nicht, Willi, wie viele genauso sind wie du. Zum Verwechseln ähnlich. Anfangs hatte ich immer noch Herzklopfen, wenn mir der Brief gefallen hatte oder das Foto. Darauf gebe ich jetzt nichts mehr. Blumenstrauß, Handkuss, Gnädige Frau – alles kalter Kaffee. Ich wart immer auf den Moment, wo er sich hinsetzt. Das ist die Sekunde der Wahrheit. Fällt dann der *Jenga*-Turm um – und das tut er bei schätzungsweise achtzig Prozent –, schick ich den Typ in die Wüste. Eiskalt.

Früher hab ich anstandshalber immer erst noch ein bisschen Konversation gemacht. Aber heute sag ich gleich: Das war's! Es lohnt einfach nicht, das kannst du mir glauben. Na, und der Rest, die anderen zwanzig Prozent, bei denen bin ich dann wirklich gespannt.

Wie er die Holzklötzchen rauszieht – da achte ich auf die kleinste Bewegung. Wie er die Hand hält, die Finger spreizt, und ob der Turm anfängt zu schwanken. Anfangs bin ich noch auf solche reingefallen, die den Turm über die ersten paar Runden retten konnten. Inzwischen weiß ich: Das kann täuschen. Da sind immer noch die Ehrgeizigen drunter, denen steht der Angstschweiß auf der Stirn. Oder die Besserwisser, die glauben, sie müssen sich bloß eine Strategie zurechtlegen, um die Sache in den Griff zu kriegen – geschenkt! Ich sprech aus Erfahrung, Willi. Manchmal wundere ich mich direkt, dass ich bei all dem die Hoffnung noch nicht aufgegeben hab.

Aber ab und zu ist dann wirklich einer dabei, dem sehe ich's schon an, sobald er sich an meinen Tisch gesetzt hat. Wie er die Hand hält, wie er die Finger spreizt, wie er prüfend über das Holz streicht, bevor er sich für ein Klötzchen entscheidet. Wie gelassen sein Blick ist, dabei voller Aufmerksamkeit. Vor allem: Er schweigt. Du ahnst ja nicht, Willi, welche Erholung das für mich ist! Wie er das Hölzchen wieder und wieder prüft, und wie er dann behutsam, fast zärtlich den Zeigefinger dagegendrückt. Wie er abwartet – ja, Willi: abwartet! –, ob es sich bewegen lässt – dafür könnte ich ihn küssen.

Wenn ich daran denke, Willi, wie du immer *Jenga* spielst – gespielt hast, muss ich wohl sagen! Auch du hast den Zeigefinger genommen, aber du konntest den Klotz gar nicht schnell genug durch die Lücke stoßen. Wenn der Turm dann anfing zu schwanken, hast du ihn einfach festgehalten. Mit der anderen Hand, obwohl das gegen die Regeln ist. Du hast gedacht, ich hätt's nicht gemerkt. Aber ich hab's jedesmal genau gesehen.

Was mich überrascht: dass es meist Jüngere sind, die das *Jenga* gut können. Die jungen Frauen sind um ihre Männer wirklich zu beneiden! Thomas ist auch so einer. Wenn ein Klötzchen sich nicht bewegen wollte, hat er ganz einfach die Finger davon gelassen. Hat eben ein anderes gesucht. Und gefunden. In aller Ruhe, ohne diese ätzenden Willi-Sprüche. Nachher treff ich ihn wieder. Allerdings – *Jenga* spielen wir jetzt kaum noch. So viel Zeit konnte ich mir bisher nicht für ihn abknapsen. Aber wenn ich dich jetzt so seh, Willi, hab ich das Gefühl, da wird sich ganz schnell was ändern ... Meine Güte, wie die Zeit vergeht! Allmählich muss ich wohl doch den Notarzt anrufen, sonst hängen die mir noch unterlassene Hilfeleistung an.

Eine rätselhafte Liebesgeschichte

Beim letzten Tête-à-Tête mit Thomas war aber immerhin noch genügend Zeit geblieben, neben der Geduld, die er bereits beim Jenga *unter Beweis gestellt hatte, auch noch seine sprachliche Phantasie zu testen. Was hätte da besser passen können, als eine Liebesgeschichte mit Happy End?*

APFEL UND BIRNE
Eine Liebesgeschichte zum Raten

I.
Ein Apfel wollte eine Birne heiraten und machte ihr einen Heiratsantrag. Sie antwortete mit einer Stadt in Italien.

II.
Da ging der Apfel zu den Verwandten der Birne und fragte nach der Ursache. Die antworteten mit einer Stadt aus Spanien.

III.
Als der Apfel wieder zur Birne kam, empfing sie
ihn mit einer Stadt aus Sachsen.

IV.
Da wurde der Apfel misstrauisch und sagte:
»Erst wolltest du nicht und jetzt auf einmal doch? Warum?«
Die Birne antwortete mit zwei nordischen Ländern.

*... schön fand Thomas aber auch – im Gegensatz zu Willi! –
sich von zaubernden Buchstaben verzaubern zu lassen*

Beide Wörter werden durch einen *Buchstaben verändert!*

Beispiel: Gas	–	Adel
Lösung: Gast	T	Tadel
I. Anke	–	Eis
II. Kali	–	Alter
III. Schal	–	Eile
IV. Kora	–	Eid
V. Dach	–	Amt
VI. Salbe	–	Gel
VII. Bar	–	Richter
VIII. Lid	–	Stern
IX. Main	–	Ar

Ein altes Hausrezept

Birgit H. Hölscher

»Frische Luft hat noch niemandem geschadet.« Johannes sah den zugleich empörten und resignierten Ausdruck in den Augen der stummen Helene aufflackern. Dann stieß E. T. den Rollstuhl der alten Dame in der viel zu dünnen Wolljacke mit Schwung auf den Balkon hinaus und stob davon. Dort draußen stand schon die Leiche in der eisigen Morgenluft. Johannes nannte den alten Glonsky im Stillen so, weil dieser zu kaum mehr in der Lage war als ein Toter, ein Fall für die Intensivpflege.

»Keine Widerrede, Herr Baumann«, hörte Johannes aus dem Nebenzimmer. »Sie nehmen jetzt die Ente. Aus dem Alter für Schamgefühle sind Sie ja wohl seit Jahrzehnten raus.«

E. T. war schwer in Form, ihre Stimme troff vor Bosheit. Das Knallen der Zimmertür schnitt Baumanns Protestbrummeln ab, und dann hörte Johannes ihre Gummisohlen hastig auf sich zu quietschen. Er hatte sich in den Speiseraum gegenüber vom Stationsbalkon verkrümelt, um in Ruhe Zeitung zu lesen. Gottlob! – Schwester Hildegard, genannt E. T., rauschte mit raschelnden Röcken vorbei, um jemand anderem die Schnabeltasse in den Hals zu rammen. Sie war ein Drachen, wie er im Buche steht, im ganzen Heim berüchtigt und nannte sich selbst hochtrabend »Ergotherapeutin«. Das hatte ihr dann den Spitznamen eingebracht, von Johannes nach einem munteren Fernsehabend kreiert. Ungefähr so attraktiv wie dieser Filmaußerirdische war sie auch. Faltiger Mund, schmalgezupfte hämische Augenbrauen, drahtig wie ein Terrier und flach wie ein Brett. Die würde Johannes nicht mal im Dunkeln und für Geld anfassen.

Er nippte an seiner Tasse mit kaltgewordenem Muckefuck, die nach dem Frühstück E. T.s Geschirrkontrolle entgangen war. *Keine Getränke zwischen den Mahlzeiten!* Ein Blick auf das bahnhofsuhrgroße Zifferblatt über der Tür zeigte ihm, dass er und seine Leidensgenossen E. T.s Fürsorge nun für eine knappe Stunde entronnen waren. Denn jetzt war Frühstückspause für die Pflegekräfte. Und die wurde nicht nur pünktlich begonnen, sondern auch gern ausgedehnt.

Am Nachmittag war dann »Gruppe«. Der überheizte Aufenthaltsraum der Station war brechend voll. Wer nicht taub oder stumm oder beides war, den ließ E. T. nicht davonkommen. Selbst die Leiche wurde hereingerollt, weil das angeblich »seine Aufmerksamkeit förderte«. Zwölf Männer und Frauen scharten sich um die große Resopaltischplatte mit den struppigen Adventsgestecken, die einige der alten Damen in der Beschäftigungstherapie fabriziert hatten. Johannes ließ sich erschöpft auf den letzten freien Stuhl sinken und lehnte umständlich seine Krücken – er würde die verfluchten Dinger nie Gehhilfen nennen – an die Armlehne.

»Na, Herr *von* Kerner, brauchen wir wieder eine Sondereinladung?« E. T.s engstehende graue Augen funkelten streitlustig, ihr nikotinstinkender Atem blies ihm ins Gesicht. Geschenkt. Damit konnte sie ihn nicht mehr hochbringen. Er zog die Lippen vom Zahnfleisch, lächelte verbindlich und stellte sich zugleich vor, wie er ihr eine der dicken roten Kerzen aus den Gestecken in die Visage rammen würde. Das half. Er entspannte sich.

E. T. hob die Stimme. »Heute wollen wir sehen, was wir vom letzten Mal noch erinnern. Von jedem will ich jetzt mindestens eins der Sprichwörter hören, die wir durchgenommen haben. Herr Garbers fängt an. Wenn er aufhört, an seinen Zähnen herumzuspielen.« Franz Garbers verschluckte sich fast bei dem Versuch, sein Gebiss wieder an den richtigen Platz zu befördern, und wurde knallrot. Johannes tauschte einen wissenden Blick mit Fräulein Ilona Brockdorff, die auf diese mädchenhafte Anrede bestand. Das machte sie für Johannes noch attraktiver. Die Gute hatte Stil! Insgeheim plante er für den Silvesterabend, den sein Zimmergenosse bei seinen Kindern verbringen würde, ein kleines Tête-à-tête mit der noch immer äußerst ansehnlichen Zweiundachtzigjährigen. Seine Beine versagten zwar immer stärker ihren Dienst, aber dazwischen war noch alles in Ordnung. Und clever war Fräulein Ilona noch dazu. Er spürte sein Herz pochen. Nur noch zwölf Tage! Er würde ihr etwas von dem Whisky aus seinem Versteck anbieten, die Vivaldikassette einlegen, und dann ... Er schreckte auf, als die hoffnungslos demente Gisela, die neben ihm saß, gegen ihn kippte. E. T. hatte im Vorbeigehen unsanft am Arm der armen Seele gerüttelt, weil diese eingenickt war.

E. T.s wöchentliches Gedächtnistraining war eine Tortur. Sie schüchterte ein, beleidigte, schimpfte. Bei Johannes hatte es allerdings, wie er nur ungern zugab, tatsächlich dazu geführt, dass er anfing, selbst nach prägnanten Sprichwörtern zu forschen, sie auswendig zu lernen und nach Belieben abzuwandeln. Es wurde zu seiner Lieblingsbeschäftigung, E. T. eine dieser Redewendungen treffsicher an den Kopf zu werfen. Allerdings blieb die erwünschte Wirkung oft aus. Sie war einfach zu hartgesotten. Als er nun an der Reihe war, schoss das Sprichwort nur so aus ihm heraus.

»*Wer Unglück sät, fällt selbst hinein.*« Seine Stimme hatte kaum merklich gezittert. E. T. musterte ihn forschend.

»Tut mir leid. Dieses Sprichwort hatten wir noch nicht.«

Johannes hielt sich an Fräulein Ilonas sanftem, bestätigendem Lächeln fest.

»Gut ... gut, dann vielleicht *Was lange währt – ist halb verdaut.*« Vom Tischende her kicherte es verhalten. E. T. war nur wenig irritiert. »Auch falsch«, frohlockte sie, »die nächste, aber flott.«

Als die Reihe herum war – die meisten von ihnen waren zwar guten Willens, aber das Gedächtnis spielte einfach nicht mehr mit –, setzte sich E. T. ans Ende des Tisches und schlug ihren Hefter auf.

»So, jetzt zu unserer heutigen Lektion. Ich gebe einen Wochentag vor, und Sie rufen mir Namen von Gerichten zu, die mit dem Anfangsbuchstaben des entsprechenden Wochentags beginnen. Für Montag zum Beispiel Mettwurstbrot, Milchreis, Mandelkuchen. Alles klar?« Ihr kalter Blick schweifte in die Runde. »Also: Donnerstag! Herr Wolter.« Sie ließ den Plastikhefter klatschend auf die Tischplatte vor dem kleinen Greis niedersausen, der sich gerade in eine bessere Welt geträumt hatte. »Sie beginnen.«

»Sei kein Narr, du machst dich nur unglücklich.«

»*Zur rechten Zeit ein Narr sein, ist eine Kunst*«, erwiderte Johannes und lächelte Fräulein Ilona beruhigend zu. Ihre hellgrünen Augen waren noch immer entsetzt geweitet.

»Aber das ist ... so was dürfen wir nicht einmal denken.« Ein Seufzer hob ihre ansehnlichen Brüste unter der blütenweißen Bluse. »Verdient hätte sie es natürlich, keine Frage. Aber wir würden nicht damit durchkommen.«

Johannes goss Tee nach und legte begütigend seine Hand auf ihre. »Wenn alle zusammenhalten, wird uns nichts passieren, glaub mir. Ich habe lange genug darüber nachgedacht.«

Nach einer weiteren Tasse Tee und einem Blaubeertörtchen gab sie ihr Einverständnis, indem sie ihre Augenlider senkte. Seit dem Sommerfest waren sie per Du, und Ilona ließ sich einmal in der Woche von ihm zum Nachmittagstee hierher einladen – in die piekfein renovierte Lobby des Heims. Er sah sich um. Hier hatte man schamlos viel Geld für modernes Design verpulvert. Sogar rote Rosen auf dem Geschirr! Welche Zustände auf den darüberliegenden Etagen des Siebziger-Jahre-Baus herrschten, sahen außer den Heimbewohnern ja nur die wenigen, die sich beim Besuch trauten, ihren greisen Angehörigen auf deren Zimmer zu folgen. Es war eben nur ein städtisches Alten- und Pflegeheim. Für Bewohner, denen man kaum Geld aus den Taschen ziehen konnte, da sie nichts besaßen. Auch er hatte sein Geld längst dem Sohn überschrieben, der sich daraufhin in die USA abgesetzt hatte und pflichtbewusste Karten schrieb. Doch seine Würde hatte Johannes behalten. Er straffte sich. »Nachher spreche ich mit Wilhelm. Der ist bestimmt auch dabei.«

»Da kann nichts schiefgehen. Wir nehmen eine Zeit, in der sie allein Dienst hat.« Wilhelm Strathmann sah ihn zweifelnd an, doch Johannes sprach weiter. »Die Weihnachtszeit ist ideal. Da werden wir *Senioren* doch stets so gefühlsduselig. Und laden sogar den Stationsdrachen auf einen kleinen Umtrunk ein.« Er kniff verschwörerisch ein Auge zu, und Strathmann fiel in sein knarrendes Lachen ein.

Einem aufmerksamen Beobachter hätte im Laufe der nächsten Tage eine unterschwellige, nervöse Unruhe auf der Station *B 10* auffallen können. Doch niemand außer den Alten selbst interessierte sich dafür, was es bei jeder Gelegenheit zu tuscheln gab, warum im Aufenthaltsraum verstohlen die Köpfe zusammengesteckt wurden und weshalb aus den laut Vorschrift stets offenstehenden Zimmertüren so eindringliches Geflüster kam. Selbst die chronisch misstrauische Schwester Hildegard ließ sich von den kleinen Wortscharmützeln einlullen, in die Johannes sie häufiger als sonst verwickelte. Das zurückhaltende Fräulein Brockdorff wurde mit einem Mal ungewöhnlich zutraulich und erkundigte sich angelegentlich bei Schwester Hildegard, wie diese das Weihnachtsfest verbringen würde. Sie erfuhr, dass E. T. über die Feiertage keinen Urlaub genommen hatte, da der Kontakt zu ihren erwachsenen Kindern abgebrochen sei und sie auch sonst niemanden zum Feiern hatte. Wie bedauerlich! Dann erwischte Schwester Hildegard eines Morgens den klapprigen Wilhelm Strathmann dabei, wie er im Schwesternzimmer im Stationskalender blätterte. Aber auch da wurde sie nicht argwöhnisch, denn er faselte etwas von » ... nur sehen, wann die kleine blonde Studentin wieder Dienst hat.« Geiler alter Bock!

»Also, wie viele haben wir?« Johannes drückte die Tür seines Zimmers regelwidrig – es war noch keine Bettruhe – ins Schloss und blickte seine Mitstreiter Ilona und Wilhelm an. Hinter ihnen kramte sein Zimmernachbar Heinz, den runzligen, kahlen Kopf tief gebeugt, mit gespitzten Ohren unablässig in der Schublade seines Schränkchens.

»Vier? Nein, drei sind es bei mir.« Ilona rutschte unruhig wie ein kleines Mädchen auf der Sitzfläche des Polsterstuhls herum und strich sich zum wiederholten Mal den hübschen grauen Wollrock glatt. Sie flüsterte: »Es ging ganz gut. Garbers war begeistert, will aktiv dabei sein. Er hat so lange auf Baumann eingeredet, bis der auch einverstanden

war.« Ihre Augen glänzten vor Stolz. »Und ich glaube, sogar Gisela hat begriffen, um was es geht.«

»Na, das sieht doch gut aus.« *Ein Unterrock zieht mehr als sieben Pferde*, dachte Johannes insgeheim.

»Drei auch bei mir«, fügte Wilhelm an, »die auf jeden Fall dabei sind. Bei zwei weiteren bin ich mir sicher, dass sie doch mitmachen, wenn es so weit ist. Die Köppen hat nichts kapiert, aber Helene, ihre Zimmernachbarin, wird die Sache für sie übernehmen. Nur Wolter ist 'ne harte Nuss. Katholisch«, setzte er bedeutsam hinzu.

Johannes hatte sich, so leger wie es ihm möglich war, auf die Kante seines Bettes gesetzt. Jetzt deutete er hinüber zu Heinz. »Sogar der alte Zweifler hat eingesehen, dass es eine gute, mutige Tat ist. Nicht wahr, Heinz?«

Der Angesprochene hörte einen Moment auf, in seinen Sachen zu wühlen, richtete sich auf, nickte ein paar Mal und brummelte: »Ich bin aber wohl bei meiner Familie, wenn es losgeht. Doch ich drücke euch die Daumen.« Erleichtert senkte er den Kopf wieder über die Schublade und raschelte darin herum.

»Ich sag's ja. *Auf einen groben Klotz gehört ein grober Keil.* Da sind sich alle einig.« Johannes zog sich auf die Beine und trat zu seinen beiden Mitstreitern. »Und in diesem Fall heißt es mal nicht: *Gut Ding will Weile haben*. Wir können uns keinen Langmut mehr leisten – am Rande des Grabes. Denkt dran: *Heute Blume, morgen Heu*.« Er hörte, wie die beiden vor Schreck über seine Direktheit die Luft einsogen. »Die erste Etappe der Aktion startet morgen abend.« Er versuchte, eine militärische Haltung anzunehmen, und der Schmerz, der von seinen Knien bis ins Rückgrat fuhr, nahm ihm den Atem. Ilona und Wilhelm erhoben sich ebenfalls, und sie reichten sich alle die Hände. Wie aus einem Mund skandierten die drei Verschwörer ihre Parole: »*Dem Mutigen gehört die Welt*.«

Die Nachtwache, ein übermüdeter, weichbärtiger Student mit mildem Blick, sah nur kurz von seiner Lektüre auf, als Johannes im blau gestreiften Frotteebademantel am Schwesternzimmer vorbeischlappte. Es war viertel nach neun, alle Stationsbewohner waren in ihren Betten. Oder zumindest auf ihren Zimmern. Das Licht im Gang war gedämpft, in den kochend heißen Heizungsrohren gluckerte es leise. Johannes umklammerte die rote Gummiwärmflasche und beide Krücken, während er die erste Tür öffnete.

Die blassen Augen in dem vergilbten, pergamentfarbenen Schädel folgten jeder seiner Bewegungen. Glonsky begriff sofort, als Johannes nach dem Schälchen auf seinem Nachttisch griff. »Die roten …«, raunte er mit hohler Stimme. Johannes nickte, griff nach drei roten Ampullen und ließ sie im Hals seiner Wärmflasche verschwinden. Dann drückte er kurz Glonskys fahle Hand, die auf der Bettdecke ruhte, und wandte sich dem anderen Bett zu.

Dort saß Alfred Wolter im Pyjama, aufrecht und steif wie Pinocchio, und rang die Hände. »Es ist Sünde!«

»Unsinn, Alfred. Sieh den Tatsachen ins Gesicht. Die einzige Sünderin ist sie selbst. Denk dran: *Wer sich zum Schaf macht, den fressen die Wölfe.*« Er hielt ihm auffordernd die Wärmflasche hin. »Auch du kannst dich nicht ewig aus der Realität wegträumen. Und denk an die anderen.«

Der andere schüttelte nur stumm den Kopf, zog sich die Decke bis unters Kinn und starrte in die Luft. Johannes brachte sein Gesicht dicht vor die störrische Miene des anderen. »Dann eben nicht. Aber dir wird niemand glauben, denk dran. Es steht dreizehn zu eins.«

Schwer atmend verließ er den Raum. *Aus einem verzagten Arsch fährt kein fröhlicher Furz*, dachte er grimmig.

Am anderen Ende des Ganges war Ilona in den Zimmern der Frauen unterwegs. »Aber ich brauch' die Tabletten doch.« Die helle Stimme zitterte, und die tiefliegenden Augen der extrem übergewichtigen Marion flitzten hin und her. Sie war seit Monaten nicht mehr allein aus ihrem Bett gekommen. Was du brauchst, sind entweder tüchtige Prügel, damit du aus deiner Lethargie erwachst, oder ein langer Spaziergang pro Tag, dachte Ilona. Am besten beides. Sie sah der anderen fest in die tränenfeuchten Augen. »Das stimmt, aber wir brauchen sie in diesem Fall noch dringender.«

Da schob sich von hinten eine unscheinbare Gestalt im schlotternden weißen Nachthemd zwischen sie. Die demente Gisela hatte ihr Bett verlassen und griff nun ohne Zögern in Marions Nachttischschublade. Unter dem erschreckten Japsen der Dicken steckte sie Ilona eine der vielen Medikamentenpackungen zu, die in der überfüllten Lade lagen.

»Ich hab 'ne Menge vergessen, aber nicht, was Gerechtigkeit ist.« Aus der anderen Hand ließ sie ein paar von ihren eigenen Pillen in Ilonas Handarbeitsbeutel gleiten.

Alkohol war auf allen Stationen des Hauses streng verboten und bei Schwester Hildegard ganz besonders, denn als trockene Alkoholikerin ließ sie keine Gelegenheit aus, andere ungefragt mit ihrem Abstinenzlertum zu missionieren. Also kam nur ein gut gewürzter Fliederbeerpunsch infrage. *Not macht erfinderisch.* Die große schmucklose Edelstahlkanne stand auf dem Rollwagen bereit, an der leicht dampfenden Oberfläche schwammen unschuldig ein paar Orangen- und Zitronenscheiben. Es war der zweite Weihnachtstag, und sie waren fast vollzählig vor dem bereits seit Tagen nadelnden Weihnachtsbaum im Aufenthaltsraum versammelt. Nur die drei, die von ihren Kindern über die Feiertage eingeladen worden waren, die drei Bettlägerigen und Wolter, der die Aktion boykottierte, fehlten. Aus dem Fernseher kamen leise weihnachtliche Gesänge. Es herrschte eine angespannte Unruhe. Niemand wagte etwas zu sagen. Johannes hielt den schön gravierten Zinnbecher umkrampft, eins der wenigen privaten Besitztümer, die ihm geblieben waren. Sieben Paar Ohren lauschten angespannt und mehr oder weniger erfolgreich auf das Quietschen von E. T.s Sohlen auf dem Gang.

»Da bin ich, Herrschaften. Was gibt es so Wichtiges?« Ihre Augen funkelten angriffslustig, ihr Fuß im weißen Gesundheitsschuh tappte unruhig auf dem Linoleum.

Ilona ergriff das Wort. »Wir möchten mit Ihnen auf das Weihnachtsfest anstoßen und uns einmal persönlich für Ihre Fürsorge bedanken.« Sie lächelte beinahe aufrichtig und umfasste sanft E. T.s widerstrebende Hände. »Ein Weihnachtspunsch.« Die anderen rückten näher.

E. T.s eisige Züge schmolzen um wenige Grade zu einer Grimasse der Leutseligkeit. »Das ist ja eine Überraschung.«

Ihr fehlten tatsächlich die Worte, stellte Johannes voller Befriedigung fest.

»Liebe Schwester Hildegard.« Er räusperte sich. »Das Fest der Liebe stimmt auch uns milde.« Garbers trat hinzu und goss angestrengt lächelnd Punsch aus der Kanne in den Becher, in dem sich bereits der

Extrakt befand. Dann nahm er ihn Johannes ab und rührte kräftig um, während die anderen E. T. mit weiterem süßlichen Schmus ablenkten.

E. T. nahm den Becher, den Garbers ihr wortlos reichte, und schnupperte. »Mmh, Nelken und Zimt.«

»Ein altes Hausrezept«, murmelte Garbers und drückte dabei seine dritten Zähne fest an den Gaumen. »Natürlich ohne Alkohol.«

Keine zwanzig Minuten später befand sich der Großteil der gebrechlichen Gesellschaft auf dem Balkon der Station. Es flogen zwar keine anmutigen Schneeflöckchen durch die Dämmerung, der Nachmittag war trüb-neblig, aber die Stimmung war äußerst feierlich.

»Mir … ich weiß auch nicht, was … Luft, ich brauche Luft …« E. T. vollführte eigenartige Figuren mit ihrer krallenförmig gekrümmten Hand. Ihr grotesk schmaler, mädchenhafter Körper in der weißen Uniform hing kraftlos zwischen Garbers und Wilhelm Strathmann, die versuchten, sie zu stützen.

»Geht bestimmt gleich wieder«, hauchte sie matt. Dann fiel ihr Kopf mit geöffnetem Mund zur Seite.

Wenn sie doch nur ein wenig von dieser Verletzlichkeit im alltäglichen Leben gezeigt hätte, dachte Johannes und rückte zur Dreiergruppe an der niedrigen Balkonbrüstung vor. Er hob die Whiskyflasche an E. T.s Mund und stieß sie ihr unsanft zwischen die schlaffen Lippen, wie er es von ihr gelernt hatte. Die Hälfte ging daneben, durchtränkte die Vorderseite ihrer weißen Bluse. Sie stöhnte, ihre Augenlider flatterten. »*Gegen den Tod ist kein Kraut gewachsen*, Schwester Hildegard«, raunte Johannes und drückte mit seinen behandschuhten Fingern ihre Hand um die leere Flasche. Dann gab er die Flasche schnell an Ilona weiter, die sie sofort mit Hilfe eines Tuches am Flaschenhals packte, ins Schwesternzimmer trug und dort sehr nachlässig versteckte.

Auf dem Balkon taten die alten Männer ihre Arbeit. Der scheinbar leblose, betäubte Körper segelte lautlos durch die wattige Luft und schlug mit einem oben im zehnten Stock kaum hörbaren feuchten Klatschen auf der Zufahrt zum obszön noblen Portal des Alten- und Pflegeheims auf. Johannes stockte zwar der Atem, doch gelang ihm trotzdem eine letzte, mit dem Atemnebel verhauchende Sentenz: »*Frische Luft hat noch niemandem geschadet*.«

Rätselhafter Sprichwortmix

Nach E.T.s tragischem Ableben durfte das wöchentliche Gedächtnistraining natürlich nicht so sang- und klanglos unter den Tisch fallen. Man einigte sich darauf, ganz dem allgemeinen Pietätsempfinden folgend, E.T.s guten Geist in Ehren zu halten und das gute alte Sprichwort-Erinnern in Eigenregie fortzuführen. Johannes bot sich verantwortungsvoller Weise als Ersatz für E.T. an – auch wenn sich alle einig darüber waren, dass E.T. nicht wirklich zu ersetzen sein würde. Die Heimleitung erfreute sich an so viel Eigeninitiative, und Johannes servierte in seiner ersten Runde einen Sprichwortmix ganz nach seinem Geschmack.

Wie lauten die richtigen Sprichwörter?

I. Müßiggang geht über Studieren.

II. Der Klügere scheut das Feuer

III. Was lange währt, tut selten gut.

IV. Die dümmsten Bauern bestätigen die Regel.

V. Wer A sagt, ist des Talers nicht wert.

VI. Irren ist das halbe Leben.

VII. Hochmut rostet nicht.

VIII. Kommt Zeit, kommst du morgen.

IX. Doppelt genäht lacht am besten.

X. Handwerk lebt nicht vom Brot allein.

XI. Der kluge Mann, der sündigt nicht.

Süße Ruh'

Gesine Schulz

»Ach, *Sie* sind's, Karo! Guten Morgen! Kommen Sie rein. Und ich hätte schwören können, heute ist erst Mittwoch. Ich werde wohl tüdelig.«

Karola Rutkowsky trat durch die aufgehaltene Wohnungstür in den Flur. »Morgen, Frau Rogalla. Hören Sie auf, mit Ihrem Alter zu kokettieren. Natürlich ist heute Mittwoch!«

Frau Rogalla lachte. Sie war achtundsiebzig, trug ein Hörgerät und hatte seit einigen Jahren Diabetes. Geistig war sie fit wie ein Turnschuh, und ihr Gedächtnis funktionierte bestens. Lecithin und Rätsel, verriet sie, wenn jemand fragte.

»Nun gut. Es ist Mittwoch. Sie wollen mich sprechen, haben aber nicht angerufen. Heißt, Sie möchten die Angelegenheit lieber persönlich besprechen. Nehmen Sie doch Platz. Sie haben auch nicht telefoniert, um zu sehen, ob ich zu Hause bin. Vermute, die Sache ist Ihnen ein wenig unangenehm. Daher, Stier bei den Hörnern gepackt: Sie wollen mehr Geld!?«

Karo schüttelte den Kopf.

»Viel schlimmer: Ich will Sie!«

»Hört sich ja köstlich an, Karo. Na, dann erzählen Sie mal.«

Karo rutschte tiefer in den Sessel. Der Regen am Wochenende hatte den weißen Geranien auf dem Balkon zugesetzt. Freitag würde sie sich den Fenstern widmen.

»Tja. Ich habe diesen neuen Fall.«

»Na, fantastisch. Glückwunsch!«

Karo nickte. »Erst wollte ich ihn gar nicht annehmen. Es hört sich alles ein bisschen merkwürdig an. Aber es ist erst mein zweiter diesen Monat, und wir haben schon den fünfundzwanzigsten ... Also habe ich zugesagt. Und wollte da wieder als Putzfrau auftauchen.«

»Exzellente Tarnung«, nickte Frau Rogalla.

»Aber diesmal unmöglich. Es gibt dort seit Jahren eine feste Putzfrau, und Herr Haase, das ist der Auftraggeber, meinte, er könne sie nicht auswechseln, ohne dass Fragen gestellt würden. Ich sagte, kein Problem. Aber natürlich ist es eins. Mein Büro fand er schäbig, glaube ich ...«

»Kein Fan der fünfziger Jahre im Original.«

»Nein ... Jedenfalls sagte ich, kein Problem, dann würde ich eben eine Mitarbeiterin einsetzen. Das wischte ihm den herablassenden Ausdruck aus dem Gesicht. Sie haben eine Mitarbeiterin, fragte er. Na ja, und irgendwie ließ ich mich hinreißen. Mehrere freie Mitarbeiter und Mitarbeiterinnen stünden mir zur Verfügung, sagte ich. Ich sah sie geradezu vor mir. Für jede Situation die richtige Person. Und für diesen Fall würde ich auf jemanden aus meinem Seniorenteam zurückgreifen. Er war schwer beeindruckt.«

»Kann ich mir vorstellen.«

»Na ja, und dann ging er, und ich saß da. Ohne Mitarbeiter. Ohne Seniorenteam. Für eine Anzeige im Stil von »Detektei sucht Senior/in für Undercover-Job« bleibt keine Zeit. Und da fielen mir die Bücher ein, die ich hier bei Ihnen so oft abgestaubt habe. Agatha Christie, Amanda Cross und so weiter. Und ich dachte, vielleicht könnte ich Sie bitten, Frau Rogalla, Sie fragen ...«

»Ja!«

»... ob Sie eventuell ...«

»Ja!«

»Ja? Aber Sie wissen doch noch gar nicht, worum es geht!«

»Es geht um einen Fall, in dem Sie eine ältere, um nicht zu sagen alte

Person brauchen, die für Sie die Augen aufhält, weil Sie dort nicht als Putzfrau auftreten können. Also an einem Ort, an dem sich alte Leute aufhalten, möglicherweise in einer Institution. Ein Altersheim?«

»Meine Güte, Frau Rogalla! Genau. Jedenfalls so was in der Art. Es handelt sich um eine der *ALTERnativen*. »Alter« in Großbuchstaben. Ich weiß nicht, ob die Ihnen ein Begriff sind?«

»Aber ja. Das dezentrale Altersheim. Auf mehrere Wohnhäuser in Essen verteilt. Beliebt, wie ich gehört habe. Eine Bekannte hat sich für die *ALTERnative* in Rellinghausen angemeldet. Lange Wartelisten.«

»Ja, das sagte Herr Haase auch. Er ist der Verwaltungsleiter der *ALTERnativen*. So, und jetzt kommt's: Eine Betriebsprüfung ergab, dass die *ALTERnative West* weitaus weniger Kosten verursacht als die anderen sieben Häuser. Die Fixkosten sind überall vergleichbar. Miete, Personal, die allgemeinen Dienste. Ihm war wohl bewusst, dass West weniger Arbeit macht. Kaum Beschwerden, um die er sich kümmern muss. Weniger Arztbesuche für Wehwehchen, solche Sachen. Das Personal ist gerne da, bleibt lange. In diesem Bericht wurde das alles in Kosten ausgedrückt. Die Zeit, die es ihn und seine Mitarbeiter kostet, sich um Beschwerden von Bewohnern und Personal zu kümmern. Die Häufigkeit, mit der der Hausarzt gerufen wird. Personalwechsel. Kosten der Suche und Einarbeitung. In sieben Heimen vergleichbare Zahlen. Die *ALTERnative West* fällt völlig raus.«

»An sich erfreulich, oder?«

»Dachte Herr Haase auch. Aber nun setzt man ihn unter Druck. Der Träger will von ihm wissen, warum das so ist. Er soll die gleichen Prinzipien in den anderen *ALTERnativen* zum Einsatz bringen, ansonsten würden sie seinen Vertrag nicht verlängern. Er hat geguckt, hat überlegt. Er kann nichts finden. Die Zeit läuft ihm davon. Der Druck auf ihn nimmt zu. Er fürchtet um seinen Job. Kostensenkung ist der neue Götze, sagte er, selbst in so einer der Kirche nahestehenden karitativen Einrichtung. Ich wies ihn darauf hin, dass ich vielleicht nichts finden werde, weil es nichts zu finden gibt. Dass die Leute dort möglicherweise einfach gesünder, zufriedener, weniger klagefreudig sind als in den anderen Häusern. Kann doch alles Zufall sein.«

»Das glaubt er offensichtlich nicht.«

»Nein. Statistiken lügen nicht, meinte er. Ich soll sozusagen dem Geheimnis ihres Glücks auf die Spur kommen, damit er es in Flaschen abfüllen und den Bewohnern der anderen Häuser verabreichen kann.«

»Um seinen eigenen Kopf zu retten«, bemerkte Frau Rogalla. »Wie kann ich Ihnen helfen, Karo?«

»Ich wollte Sie fragen, ob Sie für zwei, drei Wochen dort einziehen würden. Eine Bewohnerin ist kürzlich verstorben. Das Apartment ist frei, weil die neue Mieterin noch im Urlaub ist. Herr Haase würde alles arrangieren und Sie als neue *ALTERnativlerin* vorstellen.«

»Keine Frage. Mache ich. Ich werde mir vorkommen wie Miss Climpson. Und in der Zwischenzeit lasse ich meine Wohnung streichen. Passt alles wunderbar.«

»Miss wer?«

»Miss Katherine Climpson. Bei Dorothy Sayers wurde sie von Lord Peter Wimsey in solchen Fällen eingesetzt. Als effiziente Sekretärin mittleren Alters. Als unauffällige Bewohnerin einer Pension. Sie beobachtete, spionierte, horchte aus, lauschte dem Klatsch.«

»Genau das, was ich mir vorgestellt habe, Frau Rogalla. Vor allem beobachten, zuhören, die Augen offen halten. Und sollte Herr Haase Sie fragen ...«

»... bin ich das jüngste Mitglied Ihres Seniorenteams.«

Frau Rogalla besprach mit dem Malermeister den neuen Anstrich ihrer Wohnung. Sie war sehr zufrieden. Bis sie aus der *ALTERnative* zurückkam, würde der Farbgeruch verflogen sein und Karo alle Spuren der Handwerker beseitigt haben. Sie war eine so exzellente Putzfrau. Ein Glück, dass sie von ihren Aufträgen als Privatdetektivin noch nicht leben konnte. Es bereitete Frau Rogalla nämlich das größte Vergnügen, eine Putzfrau zu haben, die auch Privatdetektivin war. Da machte es auch gar nichts, wenn Karo mal wegen eines Falles den Freitagstermin verschob oder eine Vertretung schickte.

Frau Rogalla war außerhalb der Buchdeckel ihrer Krimis noch nie mit der Welt des Verbrechens in Berührung gekommen, sieht man davon ab, dass ihr im Sommer 1958 im Kurpark von Bad Kissingen das Portemonnaie entwendet worden war.

Und nun würde sie, Marianne Rogalla, als Hilfsdetektivin ins Lager der ahnungslosen Verdächtigen eingeschleust werden. Das amüsierte sie.

Wie üblich kam Herr Haase als Verwaltungsleiter vorbei, um die neue Bewohnerin der *ALTERnative West* zu begrüßen. Er machte Frau Rogalla mit den wenigen Hausregeln bekannt und versorgte sie mit kleinen Merkzetteln zu Restaurantservice, Putzdienst, ärztlicher Versorgung und Kulturangeboten.

Mit keiner Miene, keinem Wort verriet er, dass sie sozusagen in seinem Auftrag hier war.

Frau Kogler, eine rundliche Witwe Ende sechzig mit orangerot gefärbtem Bubikopf, machte Frau Rogalla mit den anderen Bewohnerinnen bekannt.

Frau van Kamp, trotz Gärtnerschürze und lehmiger Hände ganz Dame, unterbrach ihre Arbeit im begrünten Innenhof. Sie hatte eine rote Kletterrose gemulcht.

»Es freut mich, Sie bei uns begrüßen zu dürfen, Frau Rogalla. Die Pflanzen hier sind meine Domäne, ich erwähne es lieber gleich. Abgesehen davon gehört der Hof natürlich allen. Im Sommer ist er unser zweiter Salon.«

»Sehr einladend, Frau van Kamp. Eine Oase mitten in der Stadt. Mein Kompliment.« *Das Erste ist schnell und kann nicht warten. Das Zweite eine Zierde im Blumengarten,* zitierte Frau Rogalla in Gedanken. Ihr heimliches Hobby war es, aus dem Schatz ihrer auswendig gelernten Rätsel zu Alltagssituationen passende zu finden.

»Frau van Kamp hat eine der beiden großen Wohnungen. Muss man sich leisten können«, erläuterte Frau Kogler, als sie den Hof verließen. »Das Ehepaar Ullmann hat die andere. Sie sind zur Zeit aber verreist. Und Frau Petri ist noch auf Ischia. Fangopackungen und so etwas. Sie hat starkes Rheuma. Aber sonst sind alle da.«

Frau Kogler plauderte, ohne sichtbar Luft zu holen. Frau Rogalla nahm sich vor, sie als Informationsquelle zu kultivieren.

»Abgesehen von dem verreisten und verheirateten Herrn Ullmann haben wir zur Zeit leider keinen männlichen Bewohner. Unser Herr Beck starb im letzten Jahr. Mitte siebzig, aber ein Mann, wenn Sie verstehen, was ich meine.«

Frau Rogalla war sich nicht sicher. Sie lächelte und nickte.

»Wir haben es alle so bedauert, als er uns verließ. Alle. Außer Frau Ullmann natürlich. Nehme ich jedenfalls an ...«

Frau Kogler drückte auf die Klingel neben einer Wohnungstür. »In diesem Apartment wohnt Frau Scheib. Ach, hallo, Scheibchen. Darf ich dir Frau Rogalla vorstellen?«

Frau Scheib war leidenschaftliche Seidenmalerin. An ihren Wänden hingen gerahmte Tücher. Um ihren Hals war ein in grau und schwarz bemalter Seidenschal geschlungen. Und ihre Bluse hatte sie mit einem Muster versehen, das Frau Rogalla nur als psychedelisch bezeichnen konnte.

»... jederzeit, liebe Frau Rogalla. Ich bin jederzeit bereit, es Ihnen beizubringen. Es ist so befreiend, mit den Farben umzugehen. Manchmal fließen sie langsam wie Honig in den Stoff, meditativ. Dann wieder explodiert alles. Ach! Farben, Farben!«

Im Speisezimmer lernte Frau Rogalla dann Frau Biehn und Frau Hertling kennen. Frau Hertling, sportlich, bot an, sie zu ihrer täglichen Schwimmstunde in die Badeanstalt mitzunehmen.

»Chlorallergie«, murmelte Frau Rogalla und lehnte dankend ab.

Frau Biehn sah leidend aus und sprach mit schwacher Stimme.

»Eine kürzliche Brustkrebsoperation«, erläuterte Frau Kogler leise.

Einen Pflegefall gab es im Haus: Frau Sellmann, im Apartment neben Frau Rogalla.

»Wenn sie mal bei sich ist, besuchen wir sie, ja?«, sagte Frau Kogler. »Sie ist sehr nett. Die Arme hat oft solche Schmerzen. Wir tun, was wir können. Und die Pflegerinnen sind reizend, zum Glück.«

Frau Rogalla fand bald ihren Rhythmus in der neuen Umgebung. Zum Frühstück hätte ihr eine Tasse Kaffee und etwas Toast aus ihrer Miniküche gereicht. Doch pflichtbewusst ging sie täglich gegen neun Uhr in das Speisezimmer, wo sie immer einige der Damen antraf, die sie, selten nötig, zum Reden bringen konnte.

Nachmittags setzte sie sich mit ihrem Stickzeug oder der Rätselsammlung in den grünen Hof oder den Salon. Ihrem Auftrag gemäß, beobachtete sie, hörte anderen Gesprächen zu, befragte die Bewohnerinnen nach ihren Erfahrungen, Unternehmungen und Eindrücken in der *ALTERnative West*.

Die Damen kamen anscheinend gut miteinander aus. Kleinere Unstimmigkeiten wurden nicht allzu ernst genommen und rasch bereinigt. Die meisten hatten Familie oder einen Bekanntenkreis außerhalb der *ALTERnative*. Trotzdem wurde die Geselligkeit innerhalb des Hauses gepflegt. Mehrmals die Woche traf man sich zum Kaffeetrinken bei Frau van Kamp, die gerne – diskret, aber eisern – auf ihre Position als erste Dame des Hauses hinwies.

Man nahm auch viele der kulturellen Angebote wahr, die von der zentralen Verwaltung der *ALTERnativen* organisiert wurden: Musikabende oder Lesungen, Bustouren zu Ausstellungen oder Theateraufführungen in der Umgebung.

Die Bewohnerinnen der *ALTERnative West* fielen in dieser Hinsicht nicht aus der statistischen Norm, das hatte Karo schon beim Studium der Teilnehmerlisten festgestellt.

Die Putzfrau, Anita Müller, kam seit vielen Jahren täglich ins Haus.

»Die sind alle wirklich nett hier«, bestätigte sie Frau Rogalla. »Sie werden sich hier bestimmt wohlfühlen. Ich bin echt gründlich, das werden Sie ja schon gemerkt haben …«

Frau Rogalla ermahnte sich, dass gewiss kaum eine Putzfrau dem Vergleich mit Karo standhalten würde, und nickte zustimmend.

»… aber wenn ich mal nicht so drauf bin und nicht jede Ecke poliere, da wird sich nicht gleich beschwert bei dem Herrn Haase, nee, hier nicht. Wenn ich da von den Kolleginnen höre, wie das in den anderen Häusern ist, also, nee. Und jedes Mal, wenn sie nach Holland fahren, dann bringen sie mir 'n großes Stück von dem ganz alten Gouda mit. Den mag mein Fred so gerne. Echt nett, oder?«

Frau Rogalla nickte und machte sich eine Gedankennotiz.

Jeden Nachmittag gegen zwei Uhr rief Karo sie an. Sie stellte ihre Fragen immer so, dass Frau Rogalla kurz und neutral antworten konnte. Nur für den unwahrscheinlichen Fall, dass jemand lauschte .

Fast zehn Tage waren vergangen, als Frau Rogalla am Telefon zu Karo sagte: »Heute gehe ich mal ins Kino, dachte ich. In die Nachmittagsvorstellung.«

»Kino« war das verabredete Code-Wort für ein Treffen in Karos Detektei. Das Büro befand sich in der *Lichtburg*, dem alten Essener Filmpalast. Karos Bürozeiten begannen gezwungenermaßen erst nachmittags mit der ersten Vorstellung, da die Klienten an der Kasse vorbei, durch das Foyer und hinauf in die *Film-Bar* mussten, ehe sie auf die Treppe stießen, die zu Karos Büro führte. Dafür war die Miete niedrig und die Möblierung aus den fünfziger Jahren inklusive.

Karo erwartete Frau Rogalla in der *Film-Bar*. Sie nahmen zwei Cappuccinos mit ins Büro. Karo setzte sich in ihren Drehstuhl. Frau Rogalla nahm in dem apricotfarbenen Cocktailsessel Platz, den Karo irgendwann einmal unauffällig aus der Bar entfernt hatte. Romy Schneider hatte schon in ihm gesessen, nach einer Filmpremiere.

»Karo, ich habe nichts Dramatisches zu berichten. Das Leben in der *ALTERnative West* verläuft zivilisiert und ist angenehm. Und nur, weil alles so normal und unauffällig scheint, sind mir die folgenden Kleinigkeiten aufgefallen, die möglicherweise aber völlig bedeutungslos für uns – für Sie – sind ...«

»Nun sagen Sie schon!«, rief Karo.

Frau Rogalla konsultierte ihren geistigen Notizzettel.

»Erstens: Alle fünf Damen, die zur Zeit da sind – Frau Sellmann, die ein Pflegefall ist, nehme ich mal aus – alle fünf Damen sind sehr vergesslich. Sie sind alle jünger als ich, und es ist mir bei jeder aufgefallen. Außerdem sagen sie es selbst. Zweitens: Drei, vier von ihnen machen alle paar Wochen einen Ausflug nach Amsterdam, selbst organisiert. Er wird nicht etwa von der zentralen Verwaltung für alle *ALTERnativen* angeboten.«

»Tulpenliebhaberinnen?«, überlegte Karo.

Das Erste schon früh am Morgen singt, fröhlich es aus den Gärten klingt.

»Aber doch nicht im Sommer, Karo. Jedenfalls fahren sie immer mit Frau Petri, die als Einzige ein Auto hat. Sie muss ihren Aufenthalt auf Ischia verlängern, hörte ich. Bandscheibenvorfall. Den Ausflug wollen sie aber nicht verschieben, scheint ihnen wichtig zu sein. Sie überlegen, mit der Bahn hinzufahren. Wenn Sie einverstanden sind, biete ich an, sie mit meinem Wagen hinzubringen.«

Karo nickte. »Kann nichts schaden. Ist Ihnen das nicht zu weit?«

»Ach wo. Ich fahre gerne. Da ist aber noch etwas, vielleicht ein wenig albern, aber es hat mich geärgert ... Ich war jetzt ein paarmal zu diesen Kaffeenachmittagen bei Frau van Kamp. Es ist hübsch gedeckt, gibt Kaffee, Tee, mehrere Teller mit Gebäck. So weit, so normal. Jedes Mal gab es einen Teller mit Plätzchen, der mir nicht angeboten wurde und der, egal, wo ich mich hinsetzte, außerhalb meiner Reichweite geschoben wurde, so dass ich nicht rankam ... Und viertens: Die Besucher, die ins Haus kommen, sind alle sehr gepflegt, fast immer älter. Zweimal war ein Jugendlicher da, der völlig gammelig aussah, und der zu Frau van Kamp wollte, was mich wunderte. Er blieb nie lange. Beim letzten Mal sah ich beide kurz im Hof. Er schien ungeduldig, und sie schüttelte immer wieder den Kopf.«

»Sie konnten nicht herausfinden, wer er war?«

»Nein. Der Sohn von Bekannten, sagte Frau van Kamp auf meine Frage, sehr abweisend. Ich habe dann nicht weitergefragt. Aber ein Foto konnte ich machen, da ich mich schnell auf der anderen Straßenseite postiert und gewartet habe, bis er rauskam. Kein Meisterwerk, aber man kann ihn erkennen.«

Karo hatte sich alles notiert. »Hm. Ich werde mal über alles nachdenken.«

Frau Rogallas Angebot, ihre Mitbewohnerinnen nach Amsterdam zu fahren, wurde dankbar angenommen. Schon zwei Tage später brauste Frau Rogalla in ihrem grünen Volvo über die Autobahn, neben sich Frau van Kamp, auf dem Rücksitz die Damen Scheib, Kogler und Hertling. Das Wetter war schön, sonnig, aber nicht zu warm. Frau Rogalla freute sich auf den Tag.

Nach ihrer Ankunft stärkten sie sich mit einem Imbiss und Kaffee, bummelten durch die Straßen. Plötzlich hakte sich Frau Kogler bei Frau Rogalla ein, um den Gouda für die Putzfrau zu besorgen, während die restlichen drei es eilig hatten, anderen Zielen zuzustreben.

»In einer Stunde am Museum«, rief Frau van Kamp und bog mit Frau Scheib und Frau Hertling um die nächste Ecke.

»Ach, ich glaube, ich warte hier auf dieser Bank auf Sie«, sagte Frau Rogalla zu Frau Kogler. »Ich bin von der Fahrerei doch etwas erschöpft.« Frau Kogler nickte verständnisvoll und machte sich alleine auf die Suche nach einem Käseladen. Kaum hatte sie ihr den Rücken zugekehrt, hastete Frau Rogalla den drei Damen hinterher.

»Und wohin gingen sie wohl?«, fragte sie Karo am nächsten Tag nach einem eilig arrangierten Kinobesuch.

»Na?« Karo schaute sie erwartungsvoll an.

»Zu einem Coffee Shop nach dem anderen. Sechs insgesamt. Zum Glück lagen sie nicht weit auseinander.«

»Coffee Shops? Was ... OH! COFFEE SHOPS! Sie meinen ... Frau Rogalla, Sie wollen mir doch nicht sagen ...«

Frau Rogalla nickte. »Das weiß ich aus der Zeitung, dass in Holland weiche Drogen in sogenannten Coffee Shops verkauft werden dürfen.«

»Marihuana? Sie meinen, in Ihrem Altersheim wird gekifft? Hah. Eine echte Alternative. Herrn Haase wird der Schlag treffen.«

»Aber ich weiß nicht, ob sie das rauchen. Müsste man das nicht riechen? Süßlich?«

Karo nickte.

Das Erste eilt dem Meere zu. Im Zweiten findest du süße Ruh ...

»Das haben Sie absolut phantastisch gemacht, Frau Rogalla. Ich bin sicher, damit sind Sie dem Geheimnis der glücklichen *ALTERnative* auf die Spur gekommen.«

Frau Rogalla öffnete ihre Handtasche und holte ein schmales Päckchen heraus. Sie legte es auf den Schreibtisch.

»Hier, ich will es eigentlich nicht behalten.«

»Frau Rogalla!«

»Nun, ich bin in einen der Coffee Shops gegangen, als die Damen weg waren. Sagte, ich hätte gerne dasselbe wie meine Freundinnen, die gerade da waren. Tja – schon hatte ich es. Ich muss gestehen, mir war nicht ganz wohl, als wir über die Grenze fuhren.«

»Frau Rogalla ...«, sagte Karo schwach. »Sie ...«

Karo schüttelte den Kopf und steckte das Päckchen in eine Schreibtischschublade.

»Damit geht es in die letzte Runde«, sagte Karo. »Ich muss noch einige Recherchen anstellen, ehe ich Herrn Haase informiere. Aber Ihre Arbeit ist damit erledigt, Frau Rogalla. Eigentlich könnten Sie jetzt wieder nach Hause ziehen. Ist übrigens schön geworden.«

»Ja, ein paar Tage noch. Hat ja keine Eile. Bis dahin hat sich der Farbgeruch hoffentlich verzogen.«

»Okay, dann machen Sie sich doch noch ein paar schöne Tage in der *ALTERnative*. Frau Rogalla – Sie waren klasse.«

Karo studierte ihre Notizen, kritzelte ein paar Ideen dazu und machte eine Liste. Sie telefonierte mit der Drogenberatung und mit dem Zollamt. Am nächsten Morgen ging sie zur Kripo, um weitere Informationen einzuholen.

Am selben Nachmittag setzte sich Frau Rogalla an Frau van Kamps Kaffeetisch. Sie war fast nostalgisch gestimmt. Es war das letzte Mal, auch wenn die anderen Damen es nicht wussten. Frau Scheib ließ ihre mit Klatschmohn bemalte Seidenbluse bewundern. Frau Hertling mokierte sich über den neuen Bademeister im Hallenbad. Frau Biehn, deren Chemotherapie vorerst abgeschlossen war, sah etwas besser aus. Als auf der Straße Reifen quietschten und Blech auf Blech schepperte, schreckten alle zusammen.

»Ohmeingott!«, rief Frau Kogler und war die Erste am Fenster.

»Was ist passiert?«

»Können Sie was sehen?«

»Rücken Sie mal ein Stück.«

Frau Rogalla behielt die fünf Damenrücken vor dem Panoramafenster im Auge. Sie beugte sich über den Tisch und entfernte mit beiden Händen ein halbes Dutzend Plätzchen von dem ihr vorenthaltenen Teller. Handtasche auf, Handtasche zu. Nicht lange danach verabschiedete sie sich.

Abends, gegen zehn Uhr, rief Karo an. »Frau Rogalla, wollen Sie dabei sein, wenn ich Herrn Haase morgen unsere Untersuchungsergebnisse vortrage?«

»Häschen – hopp«, sagte Frau Rogalla. »Häschen – hopp!« Sie kicherte.

»Frau Rogalla? Geht es Ihnen gut?«

»Wunderbar ... Karo. Gebacken! Ich weiß es jetzt. Deshalb riecht es nicht, weil sie es backen, Karo!«

Karo warf den Hörer auf die Gabel. Ein Taxi brachte sie in einer Viertelstunde zur *ALTERnative*.

Frau Rogalla hing entspannt in einem Ohrensessel und strahlte. »Selbstversuch. Eins habe ich übrig gelassen. Beweisstück. Gut, nicht?« Frau Rogalla bekam einen Heiterkeitsanfall.

Herr Haase war, wie nicht anders zu erwarten, entsetzt.

»Haschischplätzchen? Drogenhandel? Sie sind alle süchtig? Ich kann mich nur noch erschießen …«

»Niemand sagt, dass sie süchtig sind, Herr Haase. Allerdings konsumieren sie wohl regelmäßig. Sie haben alle ein schlechtes Kurzzeitgedächtnis, das ist typisch, habe ich mir sagen lassen. Und Frau van Kamp ist diejenige, die den Überschuss an den kleinen Dealer verkauft. Sie bekommen in Holland offensichtlich mehr als die erlaubten fünf Gramm pro Person. Sonst könnten sie nicht so oft Plätzchen backen und noch zusätzlich Haschisch verkaufen. Der Dealer ist der Polizei bekannt. Ich habe ihn mir am Hauptbahnhof für ein kurzes Gespräch gegriffen. Sie bessert nur ihr Taschengeld auf, meinte er.«

Herr Haase stöhnte auf.

Karo begleitete ihn zu seinem Gespräch mit Frau van Kamp. Zuerst war sie empört, ganz Dame. Dann leugnete sie. Karo benannte die Coffee Shops, erwähnte die Haschplätzchen. Frau van Kamp wurde bleich.

»Nun gut, ich gebe es zu. Aber wir benutzen es als Medizin. Dagegen ist doch wohl nichts einzuwenden. Frau Biehn gegen die fürchterliche Übelkeit während ihrer Chemotherapie. Mir hilft es gegen den hohen Augeninnendruck, und uns alle entspannt es einfach. Wäre es Ihnen lieber, wir würden trinken oder noch mehr Tabletten schlucken? Frau Sellmann mit ihren chronischen Schmerzen gebe ich es übrigens auch. Es ist im Honig. Es ist sowieso nur eine Frage der Zeit, ehe Cannabis wieder in der Medizin zugelassen wird.«

Herr Haase klappte seinen Mund zu.

»Nun gut, Mutter Theresa«, sagte Karo. »Ich sollte Ihnen vielleicht verraten, dass ich mit Ihrem jungen Dealer-Freund geredet habe, der Ihnen gutes Geld für den Stoff bezahlt, was Sie zu einer mickrigen, aber immerhin Drogenhändlerin macht …«

Frau van Kamp schlug mit der flachen Hand auf den Tisch.

»Ich muss doch sehr bitten. Herr Haase, wer ist diese Person überhaupt?«

Herr Haase wischte sich den Schweiß von der Stirn. »Es muss aufhören, Frau van Kamp.

Es muss aufhören. Kein Haschisch, keine Fahrten nach Holland mehr und vor allem kein Drogenhandel! Sonst …«

»Sonst?«

»... zeige ich Sie an. Beim Rauschgiftdezernat.«

Frau van Kamps Lippen wurden schmal. Sie nickte.

Herr Haase atmete auf. »Noch eine Bedingung.«

»Ja?«

»In den nächsten vier, fünf Monaten möchte ich Beschwerden aus diesem Haus. Klagen. Anrufe. Nichts Großes, aber genug, um die Verwaltung in Trab zu halten. Organisieren Sie etwas, das können Sie ja.«

Ein neuer Schwung lag in Herrn Haases Gang, als er die *ALTERnative West* verließ.

Für Frau Rogalla, die ein Honorar abgelehnt hatte, fand Karo nach wochenlanger Grübelei und Suche das passende Geschenk: Eine von Agatha Christie signierte deutsche Erstausgabe von *Lauter reizende alte Damen*.

Rätsel für die Kombinationsgabe

Beim Aufräumen entdeckte Karo später aber noch etwas, das die Kombinationsgabe von Frau Rogolla, neben der Lektüre ihrer Krimiklassiker, sicherlich gefördert hatte. Die sonst so ordentliche Seniordetektivin versteckte nämlich an allen möglichen Plätzen kleine Zettelchen, auf denen sie ihre auswendig gelernten Rätsel notierte, sicherheitshalber – aber bei ihrem Gedächtnis ganz überflüssig.

I.

Das Erste ist schnell und kann nicht warten.
Das Zweite eine Zierde im Blumengarten.
Das Ganze, aus der Heimatkunde bekannt,
zeigt die Richtung an in Stadt und Land.

II.

Die Erste schon früh am Morgen singt,
fröhlich es aus den Gärten klingt.
Früher und heut' sieht fast jedermann
zwei als männliche Zierde an.
Mit dem Ganzen hat im Märchenland
die kecke Prinzessin ihren Freier benannt.

III.

Das Erste eilt dem Meere zu.
Im Zweiten findest du süße Ruh.
Im Ganzen fließt das Erste fort,
sie kommen gemeinsam von Ort zu Ort.

IV.

Das Erste ein Name – Jünger des Herrn.
Das Zweite – blau schimmernd in der Fern.
Das Ganze eine Harzstadt, hoch gelegen.
Du kennst sie gewiss von Wanderwegen.

Anhang

Der Rätsel Lösungen

Die Rätsel aus dem Koffer

I. N
II. Z
III. L
IV. R
V. L
VI. N
VII. R
VIII. U
IX. Glückspilz

Das rätselhafte Fest der Tiere

Ente, Reiher, Igel,
Egel, Hund, Bär, Ur, Sei,
Aal, Ralle, Ferkel,
Strauß, Schlei, Scholle,
Elster, Ren, Maus, Pferd,
Affe, Füllen, Wolf,
Bienen und Fisch.

Um-die-Ecke-Gedacht

I. Bibelfest
II. Dompfaff
III. Kreuzschnabel

Kaffeefahrt-Rätsel

I. Bügeleisen
II. Sauerkraut
III. Bernstein

Gedächtnistraining in der Badewanne

I. Himmelsschlüsselchen
II. Weingeist

Wortspiele beim Tee

I. Ohr
II. Reise
III. Mutter
IV. Haus

Gehirn-Jogging im Theater

I. Pantoffelheld
II. Nilpferd
III. Schneckenpost

Denksport für Lügner

I.
Wenn du der Lügner wärst, welchen Weg würdest du mir dann zum Land der Lügner zeigen?

II.
Tiger gibt es in Afrika höchstens im Zoo.

Gehirn-Jogging für Edmund

I. Zauberflöte
II. Rollmops
III. Elfenbein
IV. Buchbinder

Rätsel im Internet

I. Anden, Herz
II. Seine, Rom, Gent
III. Taube, Unke
IV. Main
V. Linz, Halle
VI. Turin, Inn, Anden
VII. Elbe, Stendal, Bern

Rätsel-Raten bis zur Hochzeit

I. Glocke
II. Kastanie
III. Schlosspark
IV. Kerze
V. Blumenkohl
VI. Pfirsich
VII. Schlager

Kniffliges Begriffe-Suchen

I. Eulenspiegel
II. Windspiel

Ein rätselvoller Zeitvertreib

I. Meerschaumspitze
II. Hopfenstange
III. Pechvogel

Aus drei mach zwei

I. Bügel
II. Jammer
III. Schlag
IV. Zeit
V. Schuh
VI. Schwanz
VII. Sturz
VIII. Fisch
IX. Tuch
X. Land
XI. Bau
XII. Stand
XIII. Wort
XIV. Frucht
XV. Kreuz

Komponisten und Schriftsteller gesucht

I.
1. Grieg
2. Mozart
3. Lortzing
4. Bizet

II.
A. Lessing
B. Brecht
C. Grass
D. Goethe
E. Heine

Rätselhafter Sprichwortmix

I.
Müßiggang ist aller
Laster Anfang. –
Probieren geht über
Studieren.

II.
Der Klügere gibt nach. –
Gebranntes Kind scheut
das Feuer.

III.
Was lange währt, wird
endlich gut. –
Übermut tut selten gut.

IV.
Die dümmsten
Bauern haben die
dicksten Kartoffeln. –
Ausnahmen bestätigen
die Regel.

V.
Wer A sagt, muss
auch B sagen. –
Wer den Pfennig nicht
ehrt, ist des Talers nicht
wert.

VI.
Irren ist menschlich.
Ordnung ist das halbe
Leben.

VII.
Hochmut kommt vor
den Fall. –
Alte Liebe rostet nicht.

VIII.
Kommt Zeit,
kommt Rat. –
Kommst du heut' nicht,
kommst du morgen.

IX.
Doppelt genäht
hält besser. –
Wer zuletzt lacht, lacht
am besten.

X.
Handwerk hat
goldenen Boden. –
Der Mensch lebt nicht
von Brot allein.

XI.
Der kluge Mann
baut vor. –
Wer schläft,
der sündigt nicht.

Rätsel für die Kombinationsgabe

I. Windrose
II. Drosselbart
III. Gänsekiel
IV. Andreasberg

Oma Venskes Kellerrätsel

Darf nicht verraten
werden, aber steht zwei
Mal an exponierter
Stelle im Text.

Aus drei mach eins

I. Stein
II. Kranz
III. Forellen
IV. Schläfer
V. Mücken
VI. Bild
VII. Tür
VIII. Wand
IX. Star
X. Flug
XI. Basen
XII. Zwerg

Rätselhafte Poeten

Elfi hat ganz frei
zitiert nach:

I.
Joseph von Eichendorff
aus *Mondnacht*

II.
Prediger Salomon
aus der *Bibel*

III.
Walter Mehring aus
Singweise vom Paradies

IV.
Joseph von Eichendorff
aus *Der Abend*

V.
Heinrich Seidel aus
Hymne an die Arbeit

VI.
Friedrich von Schiller
aus *An die Freude*

VII.
Johann Wolfgang von
Goethe aus *Ein Gleiches*

Eine rätselhafte Liebesgeschichte

I. »Nee, Appel«
Neapel
II. »Sie will ja«
Sevilla
III. »Oh Schatz«
Oschatz
IV. »Nur wegen deiner
Mark«
Norwegen, Dänemark

Die gesuchten
Buchstaben lauten:

I. R
II. F
III. K
IV. N
V. S
VI. I
VII. T
VIII. O
IX. Z

Vitae

Barbara Ahrens, geboren 1945 auf der Flucht ihrer Mutter aus Danzig, aufgewachsen in Hannover. Sie arbeitete als Fremdsprachenkorrespondentin, Lehrerin, Journalistin, gelegentlich auch als Putzfrau. Langjährige Mitarbeit an autonomen Frauenprojekten. Seit 1992 ist sie schriftstellerisch tätig, 1995 erhielt sie ein Arbeitsstipendium vom Förderkreis des VS Baden-Württemberg. Nach Kurzkrimi-Veröffentlichungen schreibt sie jetzt an einem Kriminalroman. Sie lebt seit 1995 in Berlin.

Jürgen und Marita Alberts, beide Jahrgang 1946, haben vier Romane geschrieben, die an touristischen Schauplätzen spielen. Ihren letzten Roman *Sieben Rosen im Atlantik. Ein Roman von den Kanarischen Inseln* präsentiert das Ehepaar in einer Ton-Dia-Show mit Musik von den Kanaren. Die Lehrerin und der Schriftsteller leben und arbeiten in Bremen.

Rotraut Susanne Berner ist eine der bekanntesten zeitgenössischen Illustratorinnen und Buchgestalterinnen und wurde für die Hans-Christian-Andersen-Medaille nominiert. Sie lebt und arbeitet in Heidelberg.

Martina Bick, geboren 1956 in Bremen, Studium der Philosophie, Musikwissenschaft und Germanistik, 1981 Studienabbruch. 1984 hat sie ihr erstes Kriminalmanuskript verfasst, seitdem schreibt und veröffentlicht sie. Sie ist Mitglied bei den *Sisters in Crime.*

Anke Cibach, geboren in Hamburg, arbeitet freiberuflich als Psychologin, ist verheiratet, hat erwachsene Kinder und lebt in einer norddeutschen Kleinstadt, umgeben von liebenswerten bissigen Haustieren und zahlreichen Apfelbäumen. Bücher-, schreib- und zeitweise schokoladensüchtig. Sie ist Mitglied im *Syndikat* und bei den *Sisters in Crime.*

ANKE GEBERT, geboren 1960, war Erzieherin, Grundschullehrerin, künstlerische Mitarbeiterin in einer Galerie und studierte am Literaturinstitut in Leipzig, bevor sie 1988 von Schwerin nach Hamburg übersiedelte. Hier arbeitete sie in verschiedenen Jobs, während sie Germanistik, Journalistik und schließlich Film mit dem Schwerpunkt Drehbuch studierte. Seit einigen Jahren ist sie als freie Buch- und Drehbuchautorin tätig und erhielt für ihre Arbeiten verschiedene Preise.

BIRGIT H. HÖLSCHER, geboren 1958 in Bamako/Mali. Beschäftigte sich mit sozialwissenschaftlichen Studien. Sammelte Geschichten und Bilder aus dem Knast, der Drogenszene und dem Hamburger Rotlichtviertel St. Pauli. In ihren Erzählungen, Kurzgeschichten und Romanen bevorzugt sie Themen, die sich mit den dunklen Seiten des Lebens beschäftigen. Sie lebt als freie Autorin in Hamburg.

GABRIELE KEISER, geboren 1953 in Kaiserslautern, nach zweitem Bildungsweg Studium der amerikanischen, englischen und deutschen Literaturwissenschaften in Heidelberg und Marburg. Längere Aufenthalte in Seattle/Washington, in Lille/Frankreich und in Wien/Österreich. In ihren Kurzgeschichten und Romanen beschäftigt sie sich gerne mit Menschen, die nicht unbedingt so funktionieren, wie ihre Umwelt es von ihnen erwartet. Auch als Journalistin tätig, lebt sie mit ihrer Familie in Andernach am Rhein.

RALF KRAMP, geboren 1963 in Euskirchen. Er arbeitet als Karikaturist und Krimiautor in der Eifel. Für sein Erstlingswerk wurde ihm 1996 der *Eifel-Literatur-Förderpreis* verliehen. Er ist einer der Köpfe der Agentur *Blutspur*, die begeisterten Krimilesern Gelegenheit bietet, einmal einen echten Mordfall live mitzuerleben und den Täter zu jagen.

MICHAELA KÜPPER, geboren 1965 im niederrheinischen Alpen, ist in Bonn aufgewachsen und studierte in Marburg Soziologie, Psychologie, Politik und Pädagogik. Seit einigen Jahren schriftstellerisch tätig, illustriert sie auch Bücher, ist Mitglied der *Sisters in Crime* und gehört der Redaktion von *Mordio* an. 1997 erschien ihr erster Roman; in *Mord zwischen Messer und Gabel* stammt der Kurzkrimi *Frieden für Tante Frieda* aus ihrer

Feder. Sie arbeitet als Verlagsredakteurin und lebt in Königswinter am Rhein.

Doris Lerche, geboren 1945, studierte Psychologie, Kunstpädagogik und Grafik, seit 1975 freiberufliche Zeichnerin und Autorin. Sie ist Mitbegründerin der Frankfurter Romanfabrik. Bekannt wurde sie durch ihre Cartoonbücher, es folgten Bände mit Erzählungen sowie Romane, darunter auch zwei Krimis mit Frau Franz (*Frau Franz gibt Gas!* und *Frau Franz packt aus!*). Sie lebt und arbeitet in Frankfurt.

Susanne Mischke, geboren 1960, stammt aus dem schroffen Allgäu und schlug sich als Betriebswirtschaftlerin durch, ehe sie die Lust am Morden überkam. Ihre kriminelle Karriere begann sie mit einem Roman und wurde mit weiteren zur Wiederholungstäterin – von kleineren Tötungsdelikten in diversen Anthologien einmal abgesehen. Ein Ende ihrer Greueltaten, die sie inzwischen an der hessischen Bergstraße in der Nähe von Darmstadt begeht, ist nicht in Sicht, ganz im Gegenteil …

Gabi Neumayer, geboren 1962, Studium der Linguistik. Sie arbeitet als Autorin, Journalistin und Lektorin, hat bislang unzählige Artikel, einige Sachbücher, mehrere Science-Fiction-Kurzgeschichten sowie zwei Kinderbücher veröffentlicht. Sie ist Mitglied bei den *Sisters in Crime* und im *Autorenforum*, für das sie auch als Redakteurin des Web-Newsletters *The Tempest* schreibt. Sie lebt (ohne Katze) in Köln.

Nina Schindler arbeitete nach dem Studium bis Anfang der neunziger Jahre als Lehrerin, währenddessen Engagement im Bereich Kinder- und Jugendbuch als Übersetzerin, Rezensentin und vieles mehr. Sie hat eigene Kinder- und Jugendbücher verfasst, ist Krimifan und Herausgeberin des *Mordsbuch. Alles über Krimis*. Die Mutter von fünf Kindern lebt mit ihrem Mann in Bremen.

Niklaus Schmid, geboren 1942 in Duisburg, schloss sich mit 18 Jahren dem Zirkus *Althoff* an, zog durch Frankreich und Schweden, stieg mit 30 aus seinem Job als technisch-kaufmännischer Leiter aus und reiste einige Jahre durch Indien, Afrika und Südamerika. Er ist Mitglied der Autorengruppe deutschsprachiger Kriminalliteratur *Das Syndikat*. Neben Kurzgeschichten schreibt er Kriminalromane, Hörspiele und Reisebücher und lebt seit 1978 auf Formentera.

Gesine Schulz lebt im Ruhrgebiet, wo sie – anders als die Detektivin ihrer Kurzgeschichte – mehr recherchiert als putzt. Gewisse Kekse, die auf irischen Teepartys gereicht wurden, und hilfreiche Koka-Tees in bolivianischen Cafés hat sie in angenehmer Erinnerung. Sie ist Mitglied der *Sisters in Crime*. Karola Ruttkowsky, Privatdetektivin und Putzfrau, war bereits in anderen Kurzgeschichten für die Lösung der Fälle verantwortlich.

Marie Sea, geboren 1966 in Furtwangen, studierte in Hamburg Germanistik, Soziologie sowie Sozial- und Wirtschaftsgeschichte, arbeitete in verschiedenen kulturellen Einrichtungen, ist jetzt in einem Buchverlag tätig und lebt in Hannover.

Sabine Thomas, geboren in Olching bei München. Seit dem Studium der Kommunikationswissenschaften ist sie freischaffend tätig für Funk, Fernsehen und Zeitschriften. Veröffentlichung eines Romans und Kurzgeschichten unterschiedlichster Genres. Sie wurde unter anderem mit dem *Walter-Serner-Kurzkrimi-Preis* des SFB 1993 ausgezeichnet und erhielt 1998 das Literaturstipendium der Stadt München. Sie lebt in Berlin und in der Nähe von München.

Karin Tränkner, geboren 1953 im schwäbischen Hechingen, Lehre als Zahnarzthelferin, Besuch des Abendgymnasiums, anschließend Sachbearbeiterin im Psychologischen Dienst des Landesarbeitsamtes in Stuttgart. Sie war einige Jahre im Verlagswesen tätig und arbeitet seit 1991 beim Hessischen Rundfunk. Bei den *Sisters in Crime* ist sie Schatzmeisterin und Mitglied, selbiges auch im *Syndikat* sowie im *Drehbuchforum Wien* und im *Filmhaus Frankfurt*.

Regula Venske, geboren 1955 in Minden, aufgewachsen in Münster (Westfalen). Dr. phil., Lehrtätigkeit an verschiedenen Universitäten. Sie war als Referentin bei der Bertelsmann-Stiftung, als Literaturkritikerin bei der Zeitschrift *Brigitte* sowie als Verlagsleiterin bei *Rotbuch* tätig. Sie lebt in Hamburg und arbeitet seit 1990 als freie Schriftstellerin. 1996 wurde sie mit dem *Deutschen Krimi-Preis* ausgezeichnet.

BARBARA WENDELKEN, geboren 1955 in Schwanewede bei Bremen. Nach Höherer Handelsschule Ausbildung zur Kinderkrankenschwester. Sie war fast 20 Jahre in diesem Beruf tätig, anschließend kurze Mitarbeit in einem Buchladen. Schreibt seit 1990, seit 1995 als freie Schriftstellerin tätig. Sie ist verheiratet und lebt mit ihren drei Kindern in Wiesmoor, Niedersachsen.

PETER ZEINDLER, geboren 1934 in Zürich, studierte an der Universität Zürich Germanistik und Kunstgeschichte und promovierte bei Emil Staiger. Er war Journalist beim Fernsehen, Hörfunk und bei Printmedien. Seit 1980 ist er freier Schriftsteller, Verfasser von elf Romanen, von denen vier mit dem *Deutschen Krimi-Preis* ausgezeichnet wurden. 1997 erhielt er für sein Gesamtwerk den *Ehrenglauser*. Er verfasste Fernsehdrehbücher (u.a. für *Tatort*), Hörspiele und Theaterstücke. Er wohnt in Zürich, wo er seit 15 Jahren im Bernhard-Theater monatlich eine literarische Talkshow moderiert.

Dank an Ella und Ursel,
meine Lieblings-Seniorinnen,
zusammen 170 Jahre alt
AC

Die Deutsche Bibliothek – CIP-Einheitsaufnahme
Ein Titeldatensatz für diese Publikation ist bei
Der Deutschen Bibliothek erhältlich.

Gestaltung und Satz: typocepta, Wilhelm Schäfer, Köln
Satz aus der TEFF Lexicon und der Adobe Mezz
Druck und Bindung: Spiegel, Ulm
Printed in Germany
ISBN 3-8067-2508-X

Mord
in Bild und Wort

Mord zwischen Messer und Gabel

29 Krimis, 72 Rezepte
Andrea C. Busch (Hrsg.) Illustrationen von Bengt Fosshag

KÖSTLICH KRIMINELL!
»Da wird gköchelt und gemeuchelt, gegessen und gestorben, was die Töpfe und Pfannen nur so hergeben. Und wem angesichts der menschlichen Abgründe und Gemeinheiten nicht völlig der Appetit vergeht, der kann die vielen süßen und scharfen, leichten und fetten Köstlichkeiten nachkochchen.« *Frankfurter Rundschau*

1999 ausgezeichnet von der Stiftung Buchkunst als »Schönstes Buch«.

Bei Ankunft Mord

23 Krimis mit vielen Reistips
Andrea C. Busch und Almuth Heuner (Hrsg.)
Illustrationen von Bengt Fosshag

WENN EINER EINE REISE TUT ...
»Dieses Buch sollte jeder Krimi-Fan auf Reisen im Handgepäck haben. 23 spannende Kurzkrimis entführen die Leser zu aufregenden Reisezielen auf der ganzen Welt. Dabei bekommt man nach jeder Geschichte auch noch Geheimtipps zum Ort der Handlung, die in keinem Reiseführer stehen.«
Frauen Lesemagazin

Gerstenberg Verlag